오페라를
처음 보는 당신에게

오페라를
처음 보는 당신에게

오페라를
처음 보는 당신에게

박종호 지음

차례

시작하면서

그는 아내와 아이들을 부모님이 계시는 경북 의성으로 내려보내고 중동으로 갔습니다 한국에서 가장 큰 건설회사의 과장이지만, 사우디아라비아의 사막 현장에서 몇 달째 모래바람을 맞으며 일했습니다.

그보다 나이가 많은 건설 노동자들은 김 과장을 무시했고 그의 명령을 제대로 따르지 않았습니다. 결국 그는 어느 날 화를 터뜨렸습니다. 자신의 안전모를 벗어서 그들 앞에서 땅바닥에 내던졌습니다.

그 광경을 멀리서 본 영국인 감독관이 저녁에 그를 자신의 숙소로 불렀습니다. 기숙사에서 수십 명이 함께 생활하던 그는 자신들의 기숙사보다 더 넓은 감독관의 숙소에 놀랐습니다. 감독관은 각종 전자제품을 갖춘 방의 넓은 소파에 앉아 있었습니다. 김 과장은 그의 꾸중을 기다리며 바짝 긴장했습니다. 그런데 그는 말도 없이 한쪽에 있는 턴테이블에 LP판을 올려놓는 것입니다. 이어 스피커에서는 한 남자가 포효하는 음성이 흘러나왔습니다. 김 과장은 노래가 무슨 내용인지 알 수 없었지만, 목에서 울컥하는 기운이 올라왔습니다.

감독관은 그 테너의 이름을 알려 주었지만, 클래식 음악을 모르는 김 과장은 그 이름을 기억할 수 없었습니다. 대신에 감독관의 설명은 기억합니다.

"오페라 《팔리아치》에 나오는 〈의상을 입어라〉라는 아리아지. 남자는 유랑극단의 광대야. 어느 날 아내가 다른 사내와 불륜을 저지르는 광경을 목격했지. 기분이 어떻겠어? 그런데 그때 공연을 알리는 북소리가 들려오는 거야. 무대에 올라서 연기를 해야 할 시간인 거야. 그래서 그는 피눈물을 흘리면서 얼굴에 흰 분칠을 하고 의상을 입지. 가사는 '광대여, 아내가 너를 속여도 의상을 입어라. 얼굴에 분을 바르고 광대의 의상을 입어라……' 미스터 김, 어떤 힘든 일이 있어도 안전모를 던지면 안 돼. 당신은 책임자잖아. 당신의 분노를 그 안전모 밑에 감춰야 해."

시간이 흘러 김 과장은 한국으로 돌아왔습니다. 가족과 합류한 그는 넥타이를 매고 서울의 본사에서 근무하게 되었습니다. 그때부터 그는 퇴근 후면 틈틈이 레코드 가게들을 뒤지며 《팔리아치》라는 오페라의 레코드를 찾았습니다. 몇 개나 되는 LP를 구입한 끝에 드디어 그는 사막에서 들었던 그 목소리를 찾았습니다. 재킷에는 마리오 델 모나코라고 적혀 있었습니다.

그 후로 김 과장은 가족들이 잠들면 혼자서 그 아리아를 듣곤 했습니다. 그리고 오페라 《팔리아치》 전체를 이해하게 되었습니다. 더 큰 감동이 찾아왔습니다. 《팔리아치》는 지금 그가 가장 좋아하는 오페라입니다.

이 글은 풍월당의 고객 가운데 한 분이 들려준 오페라 경험담입니다. 오페라에 익숙하지 않았던 한 사람이 이 예술에 다가서게 된 과정을 담고 있습니다. 오페라는 이처럼, 계기만 주어진다면 누구나 공감하고 사랑할 수 있는 예술입니다.

사람마다 '오페라'라는 말에 떠올리는 이미지는 제각각입니다. 어떤 이에게는 화려한 예술로 보이고, 또 어떤 이에게는 다소 속물적인 장르로 느껴지기도 합니다. 누군가는 오페라를 고상한 예술로 여기지만, 다른 누군가는 신파적인 것으로 받아들입니다. 어떤 사람에게 오페라는 최고의 예술이지만, 또 다른 사람에게는 그 말만으로도 거부감을 불러일으키는 장르이기도 합니다.

그렇다면 오페라의 진짜 모습은 무엇일까요? 앞서 말한

인상들은 어느 정도는 맞지만, 모두를 아우르는 설명이라고 하기는 어렵습니다. 그 어떤 말도 오페라의 본질을 온전히 드러내지는 못합니다. 흔히 오페라를 '종합예술'이라 부르지만, 그 한마디로 오페라의 정체를 설명할 수는 없습니다.

오페라는 매우 정교하고 복합적인 예술입니다. 제가 알고 있는 예술 장르 가운데에서도 가장 강렬한 호소력을 지닌 장르라 할 수 있습니다. 몇 달에 걸쳐 읽어야 하는 두툼한 소설이 오페라에서는 단 두어 시간 안에 펼쳐집니다. 그럼에도 감정의 밀도와 표현의 깊이는 문학보다도 더 직접적이고, 때로는 훨씬 강렬하게 다가옵니다. 그런 의미에서 오페라는 가장 강력한 예술 가운데 하나입니다.

물론 오페라는 그 복잡함 때문에 쉽게 다가가기 어렵고, 여전히 많은 오해 속에 머물러 있는 것도 사실입니다. 그러나 그 오해의 구름만 걷어 내면, 누구나 이 위대한 예술을 충분히 즐길 수 있습니다. 오페라는 감동과 지성을 동시에 선사하며, 그 과정을 통해 스스로가 조금 더 성장하는 경험을 하게 합니다. 한번 제대로 만나 보신다면, 이 말이 결코 과장이 아님을 곧바로 느끼게 되실 것입니다.

오페라는
저 먼 곳에?

이런 분을 위해서 썼습니다

"오페라는 결코 어렵지 않습니다"

동네 식당에 밥을 먹으러 들어갔는데, 아는 분을 만났습니다. 자리를 함께하고 같이 밥을 먹게 되었습니다. 그러면서 이런저런 얘기를 나누는데, 절 보고 이런 말씀을 하십니다.

"제가 그래도 클래식은 좀 듣는데, 오페라는 왠지 나와는 먼 것처럼 여겨집니다. 늘 오페라는 내 것이 아니라는 생각이 듭니다. 오페라는 혼자서는 좋아지기 어려운 것 같아요……."

이런 생각을 하시는 분들이 의외로 많습니다. 여러 가지 이유로 "오페라는 어렵다"는 선입관도 갖고 있습니다. 어떤 분은 가곡이나 교향곡은 잘 들으면서도 오페라는 아예 쳐다볼 생각을 하지 않는 경우도 있습니다.

하지만 클래식 음악을 즐기는 분이라면 오페라를 좋아하는 것이 조금도 어려운 일이 아닙니다. 오페라를 제대로 알고 나면 누구든지 재미있게 감상할 수 있습니다. 아니 의외로 신나게 즐기게 될 것입니다. 다만 그 방법, 특히 시작하는 방법을 잘 몰라서 멀게 느껴질 뿐입니다. 그래서 그런 분들을 위해 이 책을 쓰게 된 것입니다.

왜 오페라를 볼까요?

"여러분에게 깊고 넓은 세계를 보여 줄 것입니다"

우리 주변에서 오페라에 대한 관심이 점점 높아지고 있는 것은 분명해 보입니다. 제가 처음 오페라에 관한 글을 쓰기 시작한 한 세대 전에 비해서 오페라를 알고 싶어 하는 궁금증과 욕구가 확연하게 높아진 것을 느낄 수 있습니다.

오페라에 대한 관심과 흥미는 사회의 문화적 수준이 높아지고 정신적 여유가 생길 때 나타나는 당연한 현상입니다. 클래식 음악과는 별도로, 오페라에 관한 관심은 지금 우리나라뿐만 아니라 세계 어디에서나 높아지고 있는 추세입니다.

가까운 예로, 부산에 오페라하우스가 세워지고 있는 것만 봐도 그렇습니다. 이는 세계적인 흐름입니다. 오페라와는 어울리지 않아 보이는 중동의 여러 도시에도 최신 오페라하우스가 속속 들어서고 있으며, 이웃 중국에는 이미 문을 열었거나 곧 완성될 세계적인 규모(물톤 건물만을 얘기하는 것이긴 하지만요)의 오페라하우스가 열 손가락을 헤아릴 정도입니다.

그렇다면 대체 오페라란 두엇일까요? 왜 각 나라와 도시들은 천문학적 예산을 들여 오페라하우스를 짓고 사람들은 오페라에 관심을 보일까요? 오페라하우스 건립과 관련해서 행정가나 기관들은 그 효과를 생각할지 모릅니다. 하지만 사실 오페라의 경제적 효과는 기대하지 않는 편이 좋습니다. 지금 당장은 그 얘기는 제쳐 두죠.

그것보다 오페라는 개인에게 영향을 줍니다. 오페라는 나를 위해 보는 것입니다. 강렬하게 사람의 마음을 끄는 매력이 있으며 나아가 정신을 움직이는 힘이 있습니다. 오페라는 예술이나 교양 중에서도 가장 강력한 분야입니다. 오페라를 통해서 우리는 무엇을 경험할까요?

첫째, 강렬한 예술 장르로 들어가 폭포 같은 감동을 체험하게 됩니다.

둘째, 최고의 음악을 접하고, 더불어 연출과 무대 미술 등 다른 예술도 경험합니다.

셋째, 여러 인문 분야인 문학, 심리, 미술, 역사, 신화, 지리, 풍습 등에 대해서 넓은 시각과 깊은 이해를 얻게 될 것입니다.

넷째, 개인의 성장입니다. 오페라는 세계 문학처럼 수많은 메시지를 담고 있습니다. 오페라 감상을 통해서도 우리는 자신을 뒤돌아보고 보다 나은 사람으로 나아갈 수 있습니다.

지금 이 글을 읽고 계시는 분들은 각자 머릿속에 막연하게나마 오페라를 상상하고 계시겠지만, 오페라라는 것에 대한 정확한 그림을 그리고 있는 분은 그리 많지 않을 것입니다. 그뿐만 아니라 사람들이 오페라를 오해하고 있는 경우도 자주 봅니다.

오페라를 본 적이 없는 사람은 물론이고 오페라 공연을 본 경험이 있는 사람들조차 오페라를 잘못 이해하고 있습니다. 그런 점에서 먼저 오페라가 어떤 것인가를 제대로 알아야 할 필요가 있습니다.

일단 오페라는 음악의 한 장르만으로 볼 수는 없습니다. 여러 예술 중에서 오페라는 가장 먼저 음악의 분야에 속한다고 할 수 있겠지만, 음악의 하나토만 규정할 수는 없습니다. 그렇다고 노래로 하는 연극이라고 보는 것도 옳지 않습니다. 연극의 한 갈래로 이해하기에도 무리가 있습니다.

오페라는 그 자체로 고유한 장르이자 중요한 문화 현상이며, 인류가 만들어 낸 가장 지적인 문화 영역의 하나입니다. 오페라는 예술 장르 중에서 가장 돈과 인력이 많이 들어가는 애물단지이기도 합니다. 그러면서 오페라는 참으로 재미있고 흥미진진한 장르이기도 합니다. 이제 이런 오페라의 실체에 대해 살펴보도록 하겠습니다.

오페라는 이야기를
보러 가는 것이 아닙니다

"유럽 문화의 바탕에는 오페라가 있습니다"

오페라 공연장에서 아는 분을 만났습니다. 예술 후원자로도 알려진 기업인이었습니다. 아는 분이라 인사를 드렸습니다. 그때 직원이 프로그램을 가져와서 그분께 건넸습니다. 그런데 그분은 프로그램을 읽지도 않고 덮으셨습니다. 그래서 저는 "줄거리라도 읽어 보시죠"라고 말씀드렸습니다. 그랬더니 그분이 하시는 말씀, "결말을 미리 알면 공연이 재미가 없잖소!"

오페라는 결말이 궁금해서, 다시 말해서 스토리 때문에 보는 것이 아닙니다. 오페라는 '스토리텔링'의 장르가 아니라는 뜻입니다. 오페라에 부정적인 인상을 가진 분들은 종종 "오페라의 스토리는 뻔해"라든가 "오페라는 이야기가 다 신파야"라고 말합니다. 맞는 말입니다. 오페라의 이야기는 단순하고 때로는 직선적입니다. 대부분이 연애 이야기이며, 사랑하고 이별하고 죽음으로 끝나는 경우가 많습니다. 그렇다면 그 뻔한 오페라를 왜 보러 다닐까요?

오페라는 이야기를 즐기기 위해 보는 것이 아니기 때문

입니다. 오페라의 이야기는 대부분 알려진 것들입니다. 즉, 오페라란 다 알고 있는 이야기를 어떻게 음악적으로 표현하는가를 감상하는 장르입니다. 그러므로 핵심은 줄거리가 아니라, 아는 이야기를 어떻게 작곡했고, 어떻게 노래하며, 어떻게 연기하는가를 감상하는 데 있습니다.

우리가 판소리 《춘향가》 공연을 보러 갈 때를 생각해 봅시다. 춘향이가 어떻게 될지 궁금해서 가는 사람은 없지 않나요? 판소리 공연에 가기 위해서 거울 앞에서 옷매무새를 다듬는 부인에게 남편이 "결말을 알려 줄까? 뻔하다고. 나중에 남자가 암행어사 되어서 돌아온다고!"라고 말한다고 해도 그 부인이 판소리를 들으러 가기를 포기할 리가 없습니다. 다 아는 《춘향가》이지만, 그 노래를 다시 한번 듣고 감동하기 위해서, 또 이번에 나오는 명창은 어떻게 노래하는지 음악이나 연기를 듣고 보러 가는 것이죠.

오페라도 마찬가지입니다. 어떤 면에서는 잘 알려진 이야기가 유리할 수도 있습니다. 이미 내용을 알기 때문에 가사 전달이나 스토리텔링에 연연하지 않고 음악적 표현에 몰입할 수 있기 때문입니다. 그래서 오페라의 소재는 일부러 이미 알려진 이야기를 선택하는 것이 보통입니다. 그 이야기들은 주로 신화, 전설, 문학, 역사 등에서 가져옵니다.

　　그래서 서양에서 가장 잘 알려진 그리스 신화「오르페우스와 에우리디케」같은 이야기는 무려 40여 편의 다른 오페라로 만들어졌습니다. 내용은 같지만, 작품마다 음악과 해석이 다른 것이죠.『로미오와 줄리엣』같은 유명한 문학 작품도 10여 편의 오페라로 만들어졌으며,『햄릿』,『오셀로』,『파우스트』같이 널리 알려진 문학들은 오페라로도 큰 인기를 끌고 있습니다.

　　이렇게 오페라는 무엇보다도 음악을 듣는 예술입니다. 줄거리가 단순한 대신 가사는 무척이나 아름답습니다. 오페라의 시어詩語는 대단히 아름다운 운문韻文으로 다듬어져 있어, 문학적으로도 감동을 줍니다. 뿐만 아니라 공연 때마다 달라지는 드라마투르기, 해석, 연기, 무대 미술, 의상, 조명, 무용 등을 감상하며, 음악적으로도 오늘은 어떤 가수가 어떻게 노래하며, 지휘자는 어떻게 해석할지, 오케스트라는 어떤 소리를 낼지 등도 모두 감상의 대상이 됩니다.

　　유럽을 여행하다 보면, 어느 도시건 도시의 중심부나 중요한 광장에는 오페라하우스가 자리하고 있는 것을 볼 수 있습니다. 서울 같으면 서울시청 자리쯤에 말이죠. 그런 곳에 화려하고 존재감 넘치는 건물이 버티고 있다면, 대부분 오페라하우스입니다. 파리의 한복판에 있는 지하철역의 이름이 바로 오페라이며, 빈, 베를린, 밀라노, 마드리드, 뮌헨, 프랑크푸르트, 취리히, 바르셀로나, 나폴리 등 유럽 주요 도시의 가장 좋은 위치에 오페라하우스가 있습니다.

이렇게 유럽의 많은 도시의 중심에 자리 잡은 오페라하우스를 보면, 오페라가 그들 일상에 얼마나 깊게 들어와 있으며 얼마나 문화의 중심 역할을 해 왔는지를 짐작할 수 있습니다.

솔직히 현대의 우리는 서구 문명에 대한 이해 없이는 살아가기 어렵습니다. 그런데 서구 여러 나라의 문화적 바탕에는 오페라가 있습니다. 마치 서구 문명을 이해하기 위해서는 기독교 문화와 그리스 로마 문화를 알아야 하는 것과도 흡사합니다. 그러므로 혹시 오페라 자체에는 관심이 없거나 괜한 반발심이 있는 분이라도, 오페라를 이해한다는 것은 서구의 문화와 정신세계를 이해하는 데 좋은 통로가 된다는 점을 말씀드리고 싶습니다.

오페라에 진 빚

"이제 묵은 빚을 갚아 버릴 시간입니다"

그렇다면 우리도 어느 정도는 오페라에 관심을 가져야 하지 않을까요? 지금 이 책을 읽는 분이든 읽지 않는 분이든, 적어도 시민 가운데 최소한의 교양과 지성을 갖춘 사람이라면, 마음 깊은 곳에 오페라에 대한 다소간의 빚이 있다고 생각합니다.

이는 제가 오랫동안 많은 분을 만나며 느낀 사실이지요. 다시 말하자면, 앞에서 예를 든 분의 사례와 비슷합니다. "오페라를 알고 싶은데 다가갈 방도를 잘 모르겠어요", "클래식은 나름대로 즐기는데, 오페라는 도무지 알 방법이 없어요", "오페라는 나랑은 먼 세상 같아요" 혹은 "오페라는 혼자서 공부하기가 너무 까다로워요", "언젠가는 나도 오페라를 좋아하게 될까요?" 등의 얘기를 정말 많이 들어 왔습니다.

이런 말들을 정리하자면 결론은 이렇습니다. "지금은 오페라를 잘 모른다. 그러나 오페라가 싫지는 않다. 솔직히 기회가 된다면, 다시 말해서 쉽게 알 수 있는 길이 있다면, 오페라를 알고 싶다……."

오페라를 한 번도 본 적 없는 분이라도 광화문광장을 지날 때면, 대궐보다 큰 세종문화회관 앞에 떡하니 걸려 있는 오페라 광고의 걸개그림을 보게 됩니다. 거기에는 《아이다》니 《토스카》 같은 오페라 제목이 크게 쓰여 있습니다. 제목은 익히 알고 있습니다. 그것이 오페타인 줄도 압니다. 그러나 굳이 오페라를 보러 들어가지는 않습니다. 그것은 나의 일이 아닌 것만 같고, 나와 상관이 없는 일 같습니다. 그리고 무엇보다도 우리는 바쁩니다.

굳이 오페라를 몰라도 지금 하는 일에 지장이 없고, 오페라를 몰라도 수입이 줄지도 않습니다. 오페라를 몰라도 취업이나 성공에 방해가 되지도 않습니다. 그래서 아주 실리적으로 살아온 우리는 오늘도 오페타를 보지 않습니다. 그런데 또 오페라 포스터가 눈에 들어오기도 하고, 신문을 펼치면 무슨 오페라단이 공연한다는 소식이 나오고, 드물긴 하지만 TV에도 오페라 광고가 방영됩니다. 또 외국의 유명한 극장에서 한국의 성악가가 갈채를 받았다는 외신이 들려오기도 합니다.

때로는 잠이 오지 않는 한밤중에 TV 채널을 이리저리 돌리다 보면, 오페라가 나오기도 합니다. 그러면 앉아서 한참을 쳐다보게 되지요. 내용은 잘 모르지만, 음악은 멋진 것 같고 어떤 대목은 분명 아름답기도 합니다. 노래하는 가수가 대단해 보이기도 합니다. 그래서 언젠가는 오페라를 알아보리라 다짐

하다가 잠자리에 듭니다. 그러나 이튿날은 또다시 바쁜 일상으로 돌아가, 오페라를 알아보려던 다짐은 어김없이 또 미뤄집니다. 그런 행동을 반복하고 또 반복하면서 여기까지 왔습니다.

이런 일련의 상황을 뭉뚱그려서 저는 '오페라에 진 빚'이라고 표현합니다. 다르게 말하면 교양의 빚, 문화의 빚이라고 할까요? 시험공부를 마냥 미루는 학생의 심정과도 같습니다.

우리나라 교과서에 오페라가 처음 나오는 것은 중학교 음악 교과서입니다. 거기에 이미 《마술피리》가 소개되며, 고등학교 교과서는 《피가로의 결혼》과 《카르멘》을 알아보자고 쓰고 있습니다. 하지만 그 숙제는 지금까지 미뤄져서 마음 깊숙한 곳에 빚으로 남아 있습니다.

빚은 늘 부담이죠. 빚은 빨리 갚아서 없애는 게 최선입니다. 그래서 이 책에서는 오페라에 진 빚을 쉽게 얼른 갚을 방법을 제시하려고 합니다. 이왕 책을 펼친 김에 숙제를 해치웁시다.

오페라의 위치와 의미

오페라는 귀족의 취미일까요?

많은 사람이 오페라를 '귀족적'인 것으로 생각합니다. '귀족적'이라는 말의 뜻을 깊이 생각할 것도 없이 말이죠. 그런데 이런 선입관은 오페라를 부정적으로 보게 만들고 더불어 사람들이 오페라를 멀리하는 데 일조해 왔습니다.

반면 다른 예술 장르, 이를테면 클래식 음악에 대해서는 귀족적이라는 시선을 두지 않습니다. 유독 오페라만 언급되면 "귀족적이네", "취향이 고급이네", "럭셔리하네"라는 말을 듣습니다. 이런 단어들은 원래 좋은 의미였지만, 사람들은 부정적인 뉘앙스로 사용합니다.

솔직히 제가 오페라 자체도 아니고 오페라의 대변인도 아닙니다. 제가 굳이 오페라를 변호해야 할 의무도 없지만, 아무튼 이런 말을 들으면 좋지는 않습니다. 오해이기 때문이죠. 그래서 오페라를 위해 변명한다기보다는 진실을 알려야겠다는 차원에서 설명을 드리고자 합니다.

'귀족적이다'라는 말에는 "귀족의 사치스러운 놀이다"라는 뜻이 들어 있습니다. 오페라가 처음 귀족 문화 속에서 태동한 것은 맞습니다. 초기 오페라의 성장도 귀족의 궁중에서 이루어졌습니다.

그러나 생각해 봅시다. 근대에 탄생한 예술 장르가 아닌, 그 이전부터 있던 예술은 모두 귀족 사회에서 비롯되었습니다. 문학도 그러합니다. 문학은 문자를 도구로 삼기에 귀족이나 상류층에서 출발할 수밖에 없었습니다. 당시에 문자는 곧 기득권의 권력이었습니다. 그래서 우리가 아는 고전 문학은 대부분 당시 귀족의 생각을 표현한 것입니다. 당시에도 서민층은 있었지만, 그들은 글을 몰랐던 탓에 문학은 귀족들의 사고와 정서를 대변할 수밖에 없었습니다. 그것이 우리가 지금 읽고 있는 고전 문학이죠.

그런데도 우리는 그런 문학을 가리켜 귀족적이라고 부르지 않습니다. 고대 그리스와 로마의 작가들은 말할 것도 없고, 근대의 위대한 고전 문학가인 단테나 톨스토이나 푸시킨 같은 이들 역시 모두 귀족이었습니다. 파리에 있는 빅토르 위고의 집을 방문하면, 사치스러운 실내 장식과 그가 수집한 도자기의 화려함에 혀를 내두르게 됩니다. 그러나 우리 중 누구도 위고의 문학을 귀족적이라고 말하지는 않지요.

당연히 미술도 문학과 비슷한 경우이며, 우리가 즐기는 클래식 음악도 대부분 귀족 문화에서 비롯한 것입니다. 그런데 유독 오페라만이 귀족적이라는 꼬리표를 붙이고 있어야 한다는 것은 오페라 입장에서는 억울한 일입니다.

겉과 속이 다른 오페라의 세계

"밖에서만 보고는 판단할 수 없는 내용"

그렇다면 왜 유독 오페라에만 '귀족적'이라는 수식어가 따라붙는 것일까요? 그것은 오페라의 내용이 아니라, 바로 오페라의 겉모습을 보고 내린 판단 같습니다.

오페라하우스를 떠올려 봅시다. 앞서 말했듯이 오페라하우스들은 그 도시의 가장 좋은 위치에 있을 뿐만 아니라 가장 화려하고 멋진 건물입니다. 파리 가르니에 극장의 외관은 그야말로 화려해서 파리 사람들은 '화려한 결혼 케이크 같다"고 표현하죠. 외관이 거대한 파르테논 신전을 본떠 지어진 뮌헨의 바이에른 국립 오페라극장의 내부는 더욱 화려하고 멋집니다. 베네치아의 라 페니체 극장은 베네치아의 뒷골목에 숨어 있지만, 안에 들어가면 화려하기 그지없는 장식에 입이 떡 벌어집니다. 이런 극장들을 처음 마주하면 '옛 귀족들은 이렇게 해 놓고 즐겼구나' 하는 생각이 자연스럽게 떠오릅니다. 저도 그랬습니다. 좋으면서도 동시에 거리감이 생기기도 했지요. 그러니 그런 선입관은 충분히 이해할 만합니다.

또한 오페라하우스를 찾는 행위는 흔히 세련된 드레스

차림에 모피코트를 걸치고, 운전기사가 모는 세단의 뒷자리에 타고 가는 장면을 떠올리게 합니다(그러나 막상 가 보면 그렇게 하고 오는 사람은 별로 없습니다). 게다가 밀라노의 라 스칼라 극장의 입구에서는 프랑코 체피렐리 감독의 영화「로미오와 줄리엣」에서 튀어나온 듯한 중세풍의 옷을 입은 멋진 젊은 직원들이 관객을 맞이합니다. 그러니 라 스칼라 극장에 들어가지 않더라도, 아니 도리어 밖에서 구경만 하는 사람에게는 더욱 그 극장이란 곳이 지금 우리 현실과는 다른 중세의 귀족 세계로 들어가는 문 같은 인상을 줄 것입니다.

그럼에도 오페라극장을 귀족적이라고 부르는 것에 제가 반대하는 것은, 아니 귀족적이라 부를 수 없는 가장 중요한 이유는 공연의 내용 때문입니다. 그렇게 화려한 극장 안에서 벌어지는 이야기는 정작 그런 귀족 관객들의 이야기가 아닙니다. 그 무대 위에 오르는 이야기의 주인공은 드레스를 입고 라 스칼라 극장 발코니석에 앉아 있는 귀부인들이 아닙니다.

가장 유명한 오페라의 주인공들을 떠올려 봅시다.《아이다》의 아이다,《리골레토》의 질다,《라 트라비아타》의 비올레타,《나비부인》의 초초상,《라 보엠》의 미미……

그녀들은 모두 세상의 약자들입니다. 소외되고 무시되고 버려진 힘없는 여성들입니다. 전쟁에서 잡혀 온 노예, 광대의 딸, 매춘부, 게이샤, 수를 놓으며 살아가는 가난한 소녀 등이 주인공입니다. 그들은 거대한 사회에서 뒤처지고 경쟁의 시스템에서 밀려난 사람들입니다. 세상의 그늘에서 가난과 병 그리고 소외와 고독 속에 살아가는 존재입니다. 그런 이들의 이야기가 가장 크고 화려한 무대에 오르는 것이죠.

즉 오페라의 내용은 '밖에서 짐작하는 그런 것'이 아니란 말입니다. 그러므로 극장 안에 들어가 공연을 보는 사람들은 그 사실을 알지만, 밖에서 바라보기만 하는 이들은 도리어 오페라극장의 겉모습에 반감을 품을 수 있는 것입니다.

재미있는 일화가 있습니다. 스페인의 소프라노 몽세라 카바예는 어린 시절 아주 가난했습니다. 바르셀로나에 살던 그녀는 성악 공부를 하면서도 한편으로 봉제공장에서 여공으로 일했습니다. 그녀는 일을 마치면 리세우 오페라극장에 갔습니다. 하지만 그녀는 정작 공연을 볼 돈이 없었습니다. 그래도 그녀가 매일 저녁 그곳에 가는 것은 공연 대신 극장으로 들어가는 여성들의 아름다운 옷차림을 보기 위해서였습니다. 소녀는 모피와 드레스와 장신구에 넋을 잃곤 했습니다. 그런 그녀가 나중에 정작 오페라의 프리마 돈나가 되었을 때, 그녀는 그런 화려한 귀부인이 아니라 고생했던 시절의 자기 모습을 연기하게 되었습니다. 당연히 그런 배역의 연기에는 그녀가

겪었던 그 시절의 경험이 큰 도움이 되었습니다. 성악을 배우
던 그녀도 오페라 전체를 깊이 공부하기 전까지는 그 사실을
몰랐던 것이죠.

시민 계급이 발전시킨 오페라

뒤에서 말씀드리겠지만, 오페라를 처음 만든 것은 귀족이었으며, 초기 오페라의 제작과 공연을 귀족이 주도한 것도 사실입니다. 그러나 그 후로 150년 정도가 지나서 18세기 후반부터는 귀족보다는 시민 계급이 오페라에 크게 기여했습니다.

쉽게 말해 우리가 많이 보는 19세기 오페라의 소비자는 시민 계급이었습니다. 당시 시민은 경제적으로도 자리를 잡고 돈과 시간에 여유가 생기자, 처음에는 귀족을 흉내 내어 오락 삼아 극장에 다니기 시작했습니다. 그러나 곧 그들은 오페라가 얼마나 유익한 인문적 예술이고 훌륭한 장르인가를 깨닫게 되었습니다. 그 결과 귀족의 폐쇄적인 궁전 속에 갇혀 있던 오페라극장이 시민의 공간인 광장으로 나오게 되었습니다.

그렇게 19세기에 이르러 오페라의 주도권은 귀족에서 시민으로 넘어갔습니다. 그리고 오페라는 크게 융성하면서 시민 사회의 인기 예술로 자리 잡았습니다. 각 도시의 대표적인 극장 이름도 이때부터 '궁정 오페라극장'에서 '국립 오페라극장'

혹은 '시민 오페라극장' 등으로 바뀌기 시작했던 것이죠.

그와 함께 궁정 안에 깊숙이 숨어 있던 오페라극장들이 시민이 접근하기 쉬운 시내의 중심으로 나오게 되었습니다. 그래서 유럽 도시의 중심, 곧 시민 사회의 한가운데에 오페라극장이 있는 것입니다. 지금 우리가 보는 오페라는 민주주의를 갈망하는 유럽의 시민 정신을 가장 멋지게 꽃피운 결실입니다.

중세까지 귀족 아래에서 단순히 일하고 먹고 놀기만 하던 '백성'이 더 이상 백성이 아니라 '시민'으로 불리게 된 것은 그들도 귀족처럼 교양과 지각을 지니고 예술과 문화를 즐기기 시작하면서부터입니다.

계몽주의 시대 이후로 시민은 스스로 교양을 쌓아 자신을 더 나은 사람으로 고양시키고 삶의 의미를 풍부하게 하는 데 주력했습니다. 그 중심에 있었던 것이 예술이며, 그 한가운데에서 가장 시민적인 예술 장르로 자리했던 것이 오페라였습니다.

오늘날 우리는 주어진 여유와 풍요를 단지 먹고 입고 노는 데만 쓸 것인가요? 아니면 지금의 문명을 만든 시민 사회의 정수 속으로 한번 들어가 볼 것인가요? 선택은 여러분의 몫입니다.

오페라는 그 도시의 문화 척도

"오페라는 한 개인이 만든 것이 아닙니다"

흔히들 말하듯 오페라는 종합예술입니다. 실제로 오페라는 음악, 문학, 미술, 연기, 무용, 의상, 분장, 조명 등 여러 장르가 모두 동원되어야 하고, 좋은 공연을 위해서는 음악 분야에서도 수준급의 오케스트라와 합창단, 그리고 좋은 성악가들이 필요합니다. 그러니 오페라를 하나의 다른 장르와 동등하게 비견할 수가 없는 것이죠.

완성된 오페라는 결코 한 개인의 작품이 아닙니다. 적어도 한 도시의 문화계가 총동원되어야 만들어집니다. 그렇기에 오페라극장은 그 도시의 문화를 집약한 것이자 도시의 문화를 보여 주는 척도입니다. 만일 여러분이 어느 도시를 방문해서 하루 안에 그 도시의 문화 수준을 알고 싶다면, 도시를 대표하는 극장에 가서 오페라 한 편을 보면 됩니다.

지금 세계의 오페라극장 무대에 오르는 오페라들은 지난 400년 동안 그 내용과 품질이 검증된 작품들입니다. 오늘날 주로 공연되는 레퍼토리는 최소한 100년에서 200년 이상의 세월 동안 비평과 흥행의 엄격한 검증을 거쳐 살아남은 작품들입니다.

그것들은 대부분 최고의 작가들이 쓴 최고의 원작을 바탕으로 하고 있습니다. 대표적인 원작자는 멀리는 호메로스와 아이스킬로스, 소포클레스, 에우리피데스 등에서부터, 가까이는 셰익스피어, 위고, 괴테, 실러, 푸시킨 같은 대가들입니다. 그들의 검증된 대본을 바탕으로 최고의 작곡가들이 음악을 붙였고, 100여 년의 치열한 경쟁과 치밀한 검증에서 살아남은 것들입니다. 한 작품 한 작품이 이미 수 세대에 걸쳐 많은 사람을 감동시켜 왔고 오랫동안 그들을 치유하고 성장시켜 온 작품들입니다.

관객과 청중

"오페라는 듣는 것일까요? 보는 것일까요?"

이 책에서 저는 '관객觀客'이라는 말을 사용하고 있습니다. 이 책과 어쩌면 나란히 놓을 수 있는 저의 이전 책『클래식을 처음 듣는 당신에게』에서는 '청중聽衆'이라는 단어를 썼습니다. 즉, 클래식 음악에서는 '청중'이라는 말을, 오페라에서는 '관객'이라는 말을 의도적으로 사용한 것입니다. 클래식 음악에 대해서라면 청중이라는 말에 이의가 없을 것입니다. 하지만 여기서 오페라에는 청중이 아니라 관객이라는 말을 쓴 것에는 의아해하거나 동의하지 않으실 분도 계실지 모르겠습니다.

청중은 '듣는 무리'라는 뜻이고 관객은 '보는 손님'이라는 의미이니, 결국 "오페라는 듣는 것인가? 아니면 보는 것인가?"라는 질문으로 귀결됩니다. 오페라는 듣는다고 해야 할까요, 아니면 본다고 해야 할까요?

오페라는 분명 보기도 하고 동시에 듣기도 합니다. 음악이라는 측면이 중요하니 듣는다고 말할 수도 있고, 극장에서 두 눈으로 보는 것이니 본다는 말도 가능할 것입니다. 제가 오랫동안 생각해 온 문제인데, 결국 "오페라를 본다"고 하는 것이 적절하다고 판단했습니다. 물론 오페라를 듣는다고 주장하는 분이 틀렸다는 것이 아니라, 편의상 이렇게 부르자는 말입니다. 다만 오페라를 레코드로 들을 때는 "오페라를 듣는다"고 말해야겠지요.

오페라는 보면서 듣고 들으면서 봅니다. 그러나 결국 그리스 비극에서부터 '구경'한다는 개념이 중요했다고 생각합니다. 오페라가 탄생할 때에도 사람들이 오페라를 단순히 들으려고만 한 것은 아니었습니다.

따라서 "오페라를 들으러 간다"는 표현이 틀린 것은 아니지만, 저는 여기서 "오페라를 보러 간다"는 개념을 채택하고자 합니다. 오페라는 지적인 내용을 담고 있는 교양이며 훌륭한 음악을 품고 있지만, 그 모든 것을 아우르는 것은 결국 '구경'하러 가는 것이기 때문입니다. 이런 맥락에서 오페라에는 '청중'보다는 '관객'이 어울리지 않을까요. 그래서 이 책의 제목도 『오페라를 처음 '보는' 당신에게』로 했습니다.

오페라의 탄생과 비가극

인간이 의도적으로 만들어 낸 장르

우리가 알고 있는 대부분의 예술 장르는 자연스럽게 발생했습니다. 따라서 그 기원을 구체적으로 아는 것은 불가능합니다. 우리는 음악이 언제 처음 시작되었는지, 최초의 그림이 무엇인지, 누가 최초의 무용수인지 알 수 없습니다.

하지만 오페라는 드물게도 탄생 시점을 알고 있는 몇 안 되는 예술 장르 가운데 하나입니다. 어느 날 사람들이 모여서 "자, 오페라라는 것을 만들어 보자"라고 시작한 것입니다. 물론 꼭 이렇게 말하지는 않았겠지만요.

400여 년 전 이탈리아의 피렌체는 르네상스 운동의 본거지였답니다. 우리는 르네상스에 대해 배워서 알고 있습니다. 긴 중세의 끝자락에서 피렌체의 지성인들이 고대 그리스의 인본주의 정신을 부활시켜 인간을 중심으로 하는 조각, 회화, 건축, 문학 등을 새로 일으킨 운동을 르네상스라고 부릅니다.

그때부터 인간의 사유는 크게 달라졌고, 예술도 변화하기 시작했습니다. 예술의 주제는 신이 아니라 인간이 되었으며, 우리가 인문학이라고 부르는 분야들이 융성하게 되었습니다.

당시 피렌체는 세계 최고 수준의 자본을 축적하며 문화적 번영을 누리던 도시였습니다. 그곳에서 음악을 사랑한 조반니 데 바르디라는 이름을 가진 베르니오 후작(1534~1612)을 중심으로 귀족, 음악가, 학자, 애호가 등이 모여 지적인 문화 동아리를 만들었습니다. '카메라타 피오렌티나Camerata Fiorentina'라 불린 이 모임은 문학, 음악, 연극, 철학 등 넓은 관심사를 공유하며 연구와 발표를 했습니다. 그들의 활동은 주로 고대 그리스나 르네상스 시대의 악보와 문서를 해독하거나 발표하고 토론하며 연주하는 것이었습니다.

르네상스 시대의 다른 장르들처럼 고대 그리스 문화의 재현을 목표로 하던 그들은 특히 '그리스 비극'을 재현하려고 했습니다. 고대 그리스에서 크게 꽃피었던 그리스 비극은 당시에는 전통이 끊긴 상태였습니다. 대본으로는 전해지고 있었지만, 고대 그리스에서 실제로 어떤 모습으로 공연되었는지는 정확히 알 수 없었습니다.

다만 그리스 비극이 말로 하는 언어극言語劇이 아니라 음악으로 진행되는 음악극音樂劇이라는 정도는 알려져 있었죠. 우리는 종종 극의 대표적인 형태를 연극 같은 언어극일 것이라고 생각하는데, 사실 세계 대부분의 문화권에서 고급 드라마의 형태는 언어극이 아니라 음악극이었습니다. 우리나라의 판소리나 일본의 가부키歌舞伎, 중국의 징쮜京劇 등도 모두 음악극이라는 점을 상기할 필요가 있습니다.

그래서 카메라타는 그리스 비극을 재현해 공연해 보려고 했습니다. 그러나 그들이 만들어 낸 형태는 실제 그리스 비극과는 거리가 있는 모습이었습니다. 그렇게 그리스 비극의 완전한 재현에는 실패했지만, 대신 '오페라'라는 새로운 장르가 탄생한 것입니다. 통상적으로 1598년 그들 멤버 가운데 한 명인 야코포 페리(1561~1633)가 작곡한 《다프네》를 역사상 첫 오페라로 보고 있으니, 400년이 좀 넘은 이야기입니다.

그렇다고 하더라도 《다프네》가 갑자기 하늘에서 뚝 떨어진 것은 아니고, 그 이전에도 피렌체에서는 유사한 시도들이 있었습니다. 다만 이 작품부터를 제대로 된 오페라라고 부르고 있는 것이죠.

하지만 안타깝게도 《다프네》의 완전한 악보가 전해지지 않아, 지금 우리는 그것이 어떤 모습이었는지는 알 수 없습니다. 대신 현존하는, 즉 악보가 전해져 공연이 가능한 가장 오래된 오페라는 클라우디오 몬테베르디(1567~1643)의 《오르페오》입니다. 이 작품은 1607년 만토바에서 초연되었으며, 여태까지도 세계의 많은 극장에서 공연되고 있는 명작입니다.

오페라의 중심 비가극

저는 그리스 '연극'이라 하지 않고 굳이 그리스 '비극悲劇'이라고 표현했습니다. 그리스극의 기본은 비극이었습니다. 물론 희극도 있었지만, 중심은 비극이었죠. "비극이 관객의 마음을 정화하고 인간의 정신을 고양한다"는 생각은 고대 그리스에서 통용되던 것으로, 아리스토텔레스가 주창한 예술 이론의 근간이기도 했습니다.

그래서 오페라도 근본적으로는 비극입니다. 즉 오페라는 그리스의 전통을 계승하기에 장엄한 비극이 본모습입니다. 물론 여러분은 희극 오페라를 본 적도 있을 것입니다. 우리나라에서도 공연되는 《피가로의 결혼》이나 《사랑의 묘약》 같은 작품들이 희극 오페라, 즉 이른바 희가극喜歌劇입니다.

그러나 이런 희가극은 전통 오페라와는 성격이 다르며, 어떻게 보면 비가극悲歌劇보다 하위下位 모델이라 할 수 있습니다. 희가극은 그리스 전통을 계승하기보다는 나라마다 그들 민중극의 뿌리를 이어받고 있습니다. 즉 우리나라 마당극과 같은 경우입니다. 그래서 어느 나라에서나 비가극은 '오페라'

라고 통일되게 부르지만, 희가극은 나라마다 형식도 조금씩 다르고 호칭도 다릅니다.

그러니 이 책에서 다루는 것도 오페라의 본형本形인 비가극에 집중될 수밖에 없습니다. 이 책을 쓰는 중요한 이유 가운데 하나도 비가극의 정신을 알리고자 하는 것입니다. 비가극에서 주인공들은 당연히 모두 비극적 운명을 맞습니다. 그 결말은 대부분 죽음입니다. 자신의 지위에서 쫓겨나거나 재산을 잃거나 하는 정도는 오페라에서는 다루지도 않습니다. 지상에서의 가장 큰 비극이란 죽음입니다. 그래서 오페라는 죽음의 이야기라고들 말하는 것입니다.

프리마 돈나

그런데 죽는 사람들은 대부분 여자란 사실을 여러분도
이미 눈치챘을 것입니다. 오페라에서는 여주인공이 중요한데,
그들을 이탈리아어로 '첫 번째 여성'이라는 뜻의 "프리마 돈나
prima donna"라고 부릅니다. 우리가 잘 아는 오페라들, 즉《토스
카》,《아이다》,《노르마》,《카르멘》,《나비부인》 등의 제목이
다들 프리마 돈나의 이름입니다.

그러니 아주 간략하게 "오페라는 여자들이 죽는 이야기"
라고 정의해도 크게 틀리지 않는 셈입니다. 그러나 이 말만으
로는 오페라를 정의할 수 없습니다. "왜 여자들이?" "왜 죽는
가?" 하는 물음이 남기 때문입니다. 그것을 알게 된다면, 오페
라 정신의 본질에 대해 절반은 아는 셈이라고 할 수 있습니다.

여자 주인공은 세상의 약자를 대표합니다. 과거 유럽의
여성들은 지금의 우리가 상상하기도 어려울 만큼 사회적 약자
였습니다. 그들은 제도적으로도 직업을 가질 수 없었기에 남
편이 죽으면 생계가 어려웠으며, 부모나 남편이 없는 여성은
사회적으로 가장 취약한 계층이었습니다. 앞서 고대 그리스의

"

비극을 얘기했지만, 고대 그리스 시대는 더했습니다. 전쟁이 빈번했던 고대에 패전국 여성은 모두 승전국의 노예가 되어야 했습니다. 즉 오페라의 주인공들은 세상에서 소외된 자, 약자들이며, 오페라는 곧 그들의 이야기입니다.

더불어 성악적으로 프리마 돈나에게 가장 많은 비중이 주어졌습니다. 프리마 돈나는 불러야 할 노래도 많고, 그 곡들 또한 부르기도 어려우며, 등장하는 장면도 가장 많습니다. 그래서 내용으로나 음악적으로나 프리마 돈나를 중심으로 진행되는 오페라를 '프리마 돈나 오페라'라고 부르기도 합니다. 위에서 예로 든 오페라들은 모두 프리마 돈나 오페라입니다.

죽음의 미학

"비극이 인간의 내면을 고양시킵니다"

"오페라는 여자들의 이야기'라고 했습니다. 오페라는 단순히 여자들의 이야기가 아니라, 여자가 사랑을 하고, 결국 그 사랑에 실패하며, 나아가 죽음으로 끝나는 이야기라고 할 수 있습니다. 정말 프리마 돈나들은 다 죽는 것일까요? 물론 예외도 있으니, 전부가 그렇지는 않습니다. 그러나 많은 오페라가 주인공의 죽음으로 끝맺는다는 사실은 기억할 필요가 있습니다. 그렇다면 왜 오페라는 죽음의 이야기일까요?

언급했듯이 오페라는 원래 비극입니다. 오페라가 그리스 비극을 재현하려고 했다는 것은 앞서 말한 바 있습니다. 용어를 좀 살펴보면, 비가극悲歌劇은 이탈리아어로 '오페라 세리아opera seria'라고 합니다. 여기서 '세리아'는 '슬프다'는 뜻이 아니라 '진지하다' 혹은 '심각하다'는 뜻이니 곧 '심각한 오페라'라는 뜻입니다. 반면 희가극喜歌劇일 경우에는 '오페라 부파opera buffa'라고 부르는데, 이 경우는 주인공이 죽지 않고, 해피엔드로 끝납니다.

어찌 되었든 정통 오페라는 비극입니다. 그리고 그 비극의 결말은 예로부터 죽음이었습니다. 그것도 그리스 비극의 전통입니다. 그리스 비극을 재현하는 것이 오페라 창작의 목표였던 만큼 오페라, 즉 비가극에서도 그리스 비극처럼 죽음으로 결말을 맺습니다.

그런데 비극이란 단순히 슬프거나 비참한 이야기를 그리는 것이 아닙니다. 오페라는 훌륭한 인물들, 즉 영웅이나 왕, 성녀 혹은 순결하고 착한 "나보다 더욱 나은 사람"이 훌륭하고 고귀한 행동을 하였음에도 불구하고, 예상치 못한 비극을 당하는 이야기입니다. 그것은 당사자도 모르는 자신의 과거나 조상의 죄, 고대식으로 말하자면 신의 저주에서 비롯됩니다. 이렇게 그들은 처절한 고통을 겪고 고통 끝에 죽음의 벼랑 끝으로 내몰려 죽음을 맞습니다. 그런 훌륭한 사람이 죽는 이야기는 사람들에게 자신의 삶을 되돌아보게 했고 큰 감동을 주었습니다. 이런 비극의 얼개를 풀어서 설명하자면 이렇습니다.

"주인공은 보통 사람인 나(관객)보다 더 낫고 훨씬 훌륭한 인물로 설정됩니다. 그런데 그 훌륭한 주인공은 고결 무구한 행동에도 불구하고, 비극적인 운명에 처합니다. 그는 처절한 고통을 받고 그것을 헤쳐 나가지 못하고 최악의 상황까지 내몰립니다.

이런 구조는 그것을 바라보는 나에게 감동과 깨달음을 주게 됩니다. 그런 비극을 통해서 나는 인간의 나약함과 인생의 덧없음을 깨닫고, 나보다 나은 사람이 겪는 고통을 접하면서 나 자신을 치유하고 성장시키게 됩니다.”

비극의 결말에서 관객은 감동을 받는다고 했습니다. 고대 그리스부터 이런 비극을 통한 경험은 인간의 정화와 지성의 함양과 도덕적 고양에 기여했다고 알려져 있습니다. “비극이야말로 인간의 심성을 정화한다”는 말은 비극의 기능을 꿰뚫어 본 아리스토텔레스가 2,300여 년 전에 남긴 말입니다.

그렇게 보면 오페라는 죽음의 미학美學입니다. 그런 점에서 오페라는 프리마 돈나들을 죽이기 위한 이야기입니다. 그러나 더 깊이 들어가면 그녀들이 죽을 수밖에 없는 운명 속에서도 그 길을 감내하고 걸어가는 모습을 보여 주는 감동의 드라마입니다.

오페라의 소재와 주제

"세계 문학이 오페라에 다 담겨 있습니다"

앞에서 "오페라는 여자가 사랑하다가 죽는 이야기다"라는 식으로 말씀드렸습니다. 하지만 이해를 돕기 위해 제가 아주 단순화해서 설명한 것일 뿐, 오페라의 내용을 살펴보면 그 이상의 깊이 있는 주제를 담고 있음을 쉽게 알 수 있습니다. 그렇다면 우리가 주로 보는 오페라는 어떤 소재와 주제를 가지고 있을까요?

먼저 소재를 어디에서 가져왔는지 살펴봅시다. 고대 그리스 비극의 영향을 받은 초기 바로크 시대의 오페라는 그리스 비극이나 신화에서 소재를 가져온 것들이 많습니다. 즉 호메로스를 비롯한 고대 비극에서 많은 소재를 찾았습니다.

그러다가 낭만주의 시대에 이르러 계몽사상이 반영되면서 세계 문학과 그 정신이 담기기 시작합니다. 셰익스피어를 비롯해 위고, 바이런, 오스카 와일드, 괴테, 실러, 푸시킨, 톨스토이 등 많은 위대한 문학 작품들이 모두 오페라 속에 녹아들었습니다.

그러므로 그 후로 오페라는 세계 문학이 이야기하는 거의 모든 정신적 가치를 이야기합니다. 특히 지금 우리가 감상하는 오페라들은 주로 1750년 이후에 발전한 작품들이기에, 현재의 오페라 레퍼토리는 1750년에서 1950년에 이르는 약 200년간의 서양 근대 사상이 집대성되어 있다고 볼 수 있습니다. 오페라를 즐기면서 이런 점을 염두에 둔다면 참으로 흥미진진한 지적 탐구가 될 것입니다. 오페라를 즐기다 보면 신화, 전설, 설화, 성경, 역사, 지리, 문학 그리고 다양한 풍습까지 서양 문화 전반에 대한 지식과 이해를 얻게 될 것입니다.

특히 1750년경의 모차르트부터 1950년경의 리하르트 슈트라우스에 이르는 200년간의 오페라 융성기에 다루어 온 주제는 크게 열 가지로 정리할 수 있습니다. 그것은 사랑과 욕망, 삶과 죽음, 정의와 권력, 사회와 계급, 혁명과 반동, 낭만과 서정, 신앙과 회의, 고독과 소외, 운명과 자유의지, 그리고 꿈과 환상입니다. 그러므로 오페라를 본다는 것은 단순한 즐거움을 넘어, 지적인 세계로 들어가 자신의 지성과 내면을 동시에 고양하는 기회가 될 것입니다.

오페라 대본

"문학계에서도 잘 모르는 또 하나의 문학"

문학을 비롯해 앞서 언급한 오페라의 다양한 재료들이 그대로 오페라의 가사가 되는 것은 아닙니다. 그것들은 '오페라 대본'이라는 또 다른 문학의 형태로 다시 다듬어져서, 작곡가가 그것을 바탕으로 작곡을 합니다.

그런 오페라 대본을 '리브레토libretto'라고 부르는데, 이는 책이라는 이탈리아 단어 '리브로libro'에 '작다'는 어미가 붙어 생겨난 말로, '작은 책'이라는 뜻입니다. 유럽에서 오페라극장에 가는 관객들은 악보는 없이 가사만 적힌 작은 대본집을 들고 가서 공연을 보곤 했습니다. 공연 도중 틈틈이 내용을 확인하기 위한 것이죠. 그래서 대본집을 세계적으로 통상 리브레토라고 부릅니다.

더불어 오페라 대본가를 '리브레티스트librettist'라고 부르죠. 대본가는 원작의 문학을 혼자서 오페라 대본으로 바꾸기도 하고, 작곡가와 협의하며 함께 대본을 완성하기도 합니다. 물론 원작 없이 대본가가 직접 이야기를 창작하는 경우도 있지만, 이것은 오페라에서는 되레 드문 편입니다.

자, 만일 연극을 위해 쓴 희곡 작품(소설도 마찬가지입니다만)을 오페라 대본으로 바꾼다고 합시다. 오페라를 위한 각색 작업이 필요합니다. 언어극을 음악이 나오는 음악극으로 바꾸는 것이죠. 먼저 희곡에 있는 많은 언어를 줄여야 합니다. 장면 전환이 너무 잦으면 곤란하니 장면의 수도 줄입니다. 오페라에서는 등장인물이 많으면 음악적으로 혼란을 주므로 인물의 수도 줄이고, 지문도 줄여야 합니다. 반면에 가사는 늘려야 합니다. 특히 아리아나 중창에 어울리는 가사를 위해서 아름다운 시어詩語를 만들어 넣어야 합니다.

이런 작업을 하는 대본가는 시인처럼 단순히 책상에만 앉아서 쓰는 것이 아니라, 공연할 작품과 극장의 사정을 충분히 고려해야 합니다. 극장의 크기와 시설, 노래를 부를 가수의 특징과 사정, 오페라의 규도, 관객의 취향, 심지어 관객이 귀가할 수 있는 시간까지 감안해서 대본의 길이를 결정합니다. 그러므로 이런 것들은 혼자보다는 작곡가와 의논하는 것이 좋습니다. 역대로 많은 명오페라는 대본가와 작곡가는 물론이고 극장장이나 지휘자, 연출가까지 관여해 합동으로 대본을 만들었습니다. 오늘날 영화 제작 과정과 흡사하다고 할 수 있습니다.

대본가

역사적으로 이름을 떨친 리브레티스트들은 대부분 위대한 작곡가와 짝을 이루어 함께 작업했습니다. 오스트리아의 빈에서 활동하던 모차르트는 이탈리아 출신의 시인 로첸초 다 폰테(1749~1838)와 콤비를 이루어 위대한 세 작품을 완성했습니다. 바로 《피가로의 결혼》, 《돈 조반니》, 《코지 판 투테》의 세 오페라 부파(희가곡)로, 이것들을 '다 폰테 3부작'이라고 부릅니다.

이탈리아에서는 벨리니, 도니체티, 베르디가 활약한 낭만주의 시대, 이른바 오페라 황금기에 세 명의 특출난 대본가가 나타나 이 작곡가들을 중심으로 많은 명오페라의 대본을 썼습니다. 펠리체 로마니(1788~1865)는 빼어난 시적 표현으로 벨리니의 《노르마》, 《몽유병의 여인》, 도니체티의 《사랑의 묘약》, 《안나 볼레나》 등 지금도 사랑받는 여러 오페라의 대본을 썼습니다. 살바토레 카마라노(1801~1852)는 극적인 표현으로 도니체티의 《람메르무어의 루치아》, 《로베르토 데브뢰》, 베르디의 《일 트로바토레》, 《루이자 밀러》 등의 대본을 남겼죠. 프란체스코 마리아 피아베(1810~1876)는 베르디와 협업하여 《라 트라비아타》, 《리골레토》, 《시몬 보카네그라》 등의 대본을 썼습니다. 그리고 만년의 베르디는 젊은 아리고 보이토(1842~1918)를 만나 그에게서 영감을 받았습니다. 베르디 만년의 걸작인 《오텔로》와 《팔스타프》는 보이토의 대본을 바탕으로 합니다.

대본가 루이지 일리카(1857~1919)와 주세페 자코사(1847~1906)는 작곡가 푸치니와 셋이서 트리오를 이루어 우정을 쌓으면서 함께 작업을 했습니다. 일단 작품이 선정되면 자코사는 원작을 오페라에 맞도록 장면을 재단裁斷하고, 일리카는 그것에 특유의 시어詩語를 사용하여 아름다운 대사를 만들어 냈습니다. 그러면 거기에 푸치니가 음악을 붙였던 것입니다. 그렇게 셋이서 함께 만든 오페라가 《라 보엠》, 《토스카》, 《나비 부인》입니다.

프랑스에서는 외젠 스크리브(1791~1861)가 뛰어난 극장 감각으로 그랜드 오페라 시대를 휩쓸었습니다. 그는 마이어베어의 《악마 로베르》, 《위그노 교도》, 《아프리카의 여인》, 《유대 여인》 등의 대본을 썼습니다. 그 이후로는 쥘 바르비에(1825~1901)와 미셸 카레(1821~1872)가 콤비를 이루어 토마의 《햄릿》, 《미뇽》, 구노의 《파우스트》, 《로미오와 줄리엣》, 오펜바흐의 《호프만의 이야기》 등 수많은 프랑스 명작 오페라의 대본을 집필했습니다.

　근대에 이르러 빈에서는 작곡가 리하르트 슈트라우스 (1864~1949)가 많은 오페라를 남겼습니다. 그는 세기말 빈의 작가 후고 폰 호프만스탈(1874~1929)의 문학적 향취가 높은 대본으로 《장미의 기사》, 《엘렉트라》, 《낙소스 섬의 아리아드네》, 《그림자 없는 여인》, 《이집트의 헬레나》, 《아라벨라》 등 6편의 명작을 발표했습니다. 두 사람은 오페라사에서 최고의 명콤비로 평가됩니다. 또한 작곡가 중에는 문학적 능력이 뛰어나서 오페라 대본을 스스로 집필한 경우도 많았는데, 특히 독일의 리하르트 바그너(1813~1883)와 프랑스의 엑토르 베를리오즈(1803~1869)가 대표적 사례였습니다.

희가극

희가극

"비가극과는 또 다른 매력의 세계"

오페라는 기본적으로 비가극이라고 했습니다. 하지만 비가극이 아닌, 해피엔드로 마무리되는 오페라도 있지요. 이것들을 희가극喜歌劇이라고 하는데, 제목처럼 상당히 웃음을 주는 작품도 많습니다. 하지만 희가극이라고 해서 웃기기만 한다고 생각하면 오산이고, 크게 웃기지 않는 경우도 있습니다. 웃긴다기보다는 해피엔드로 끝난다는 점이 희가극의 조건에 더 중요합니다.

희가극의 몇 가지 종류 중에서 대표적인 것이 이탈리아의 희가극인데, '오페라 부파opera buffa'라고 부릅니다. 사전에 의하면 오페라 부파는 '이탈리아의 나폴리를 중심으로 개발된 것으로, 일정하게 정해진 규칙에 의해 진행되는 희가극'이라고 정의합니다. 즉, '정해진 규칙에 따라 움직인다'는 점이 중요합니다. 사람을 즐겁게 하고 웃기는 데에도 일정한 법칙이 있다는 말입니다. 즉 공통된 진행 방식과 일정한 주제가 있습니다.

그럼 오페라 부파의 원칙을 알아볼까요? 한마디로 말해서, 오페라 부파에는 한 쌍의 남녀 커플이 등장합니다. 그들은 젊고 아름답고 선량합니다. 이것은 원칙입니다. 그리고 예외도 있지만, 무엇보다도 그들은 서로 사랑합니다. 그들이 '사랑을 이루어 가는 과정'이 희가극의 이야기 구조가 됩니다. 그러니 어떤 희가극이라도 결론은 단 하나, 바로 결혼입니다.

즉 두 사람이 사랑하다가 결혼하기까지의 과정을 그린 것이 희가극입니다. 그리고 이야기는 거기서 끝납니다. 아니, 너무 단순한 이야기입니까? 결혼이라니, 이렇게 뻔할 수가 있나요? 그리고 결혼만 하면 끝입니까? 결혼에 이르는 것이 다인가요?

인생에서 결혼만으로 행복이 보장되는 것은 아니라는 사실을 우리는 잘 알고 있습니다. 결혼이 끝이 아니라, 그때부터 사랑을 쌓고 유지하는 것이 더 어렵다는 것도요. 그런데 왜 희가극은 결혼으로 끝날까요? 결혼이 희가극의 결말이라는 것은 무슨 의미일까요? 결혼을 이룬 이후의 삶은 비극이라는 아이러니를 400년 전 나폴리 사람들은 알았던 것 같죠. 그 남녀가 결혼 후에 어떻게 사는지, 어떻게 싸우고 실망하는지는 비극에서 다루기에 희극은 결혼으로 끝입니다. 그러니 "비극은 죽음, 희극은 결혼"이라고 아주 단순한 공식을 만들 수도 있겠죠.

이렇게 보면 희극은 표피적이고 얄팍합니다. 하지만 놀

랍게도 이래서 사람을 크게 웃깁니다. 그리고 희가극에서도 관객은 교훈을 얻고 새로운 깨달음에 감동하기까지 합니다. 이것이 오늘날까지 오페라 부파가 인기를 누리는 이유입니다. 오페라 부파도 웃음만을 주는 것이 아니라, 그 속에 깊은 의미와 감동을 품고 있답니다.

희가극의 법칙

"지금도 곳곳에서 우리를 웃겨 주는 메타스타시오 스타일"

이제 보다 더 자세하게 살펴보겠습니다. 주인공인 한 쌍의 남녀가 있다고 했지요. 그리고 그들을 둘러싸고 여러 인물이 등장합니다. 그중 몇몇은 커플의 결혼을 돕기도 하고 또 다른 몇몇은 그들의 결혼을 방해합니다. 그러니 두 패로 나눌 수도 있겠네요.

재미있는 점은 두 연인의 결혼을 방해하는 주변 인물 중에 여주인공을 좋아하는 또 다른 남자가 꼭 있다는 것입니다. 이 남자가 갖추어야 할 조건은 두 가지인데, 둘 다 많아야 합니다. 하나는 '나이'고, 다른 하나는 '돈'입니다. 즉 돈이 많고 사회적 지위가 있는 노인이 젊은 여자를 탐하다가, 결국 실패로 끝납니다. 정리하자면 "젊고 현명한 여성이 부자 노인의 유혹과 회유와 협박에도 불구하고, 돈은 없지만 젊고 착하고 장래가 촉망되는 젊은이를 택한다"는 것이 오페라 부파의 전형적인 플롯입니다.

이상이 18세기에 나폴리에서 활약한 천재적인 오페라 대본가 피에트로 메타스타시오(1698~1782)가 확립한 희가극의 구성 조건입니다. 그래서 이런 형식에 충실한 희가극을 '메타스타시오 오페라Metastasio opera'라고 부릅니다.

　메타스타시오 오페라에서 젊은 커플은 보통 소프라노와 테너가 맡습니다. 그리고 그들의 결혼을 방해하는 주변 남자는 대부분 베이스와 바리톤입니다. 그중에서도 젊은 여성을 좋아하고 그녀를 쫓아다니는 나이 많은 부자는 베이스가 맡는 것이 통상적입니다. 또한 커플을 돕거나 방해하기도 하는 주변 여성은 메조소프라노가 맡습니다(다만 로시니의 오페라 부파에서만은 여주인공을 메조소프라노가 맡는 경우가 많습니다).
　대표적인 메타스타시오 오페라가 조아키노 로시니(1792~1868)의 《세비야의 이발사》입니다. 젊고 아름답고 지참금도 많은 로지나(메조소프라노)는 젊은 학생 린도르(테너)를 사랑하지만, 늙은 의사 바르톨로(베이스)가 그녀를 자신의 신부로 삼으려고 하는 내용입니다. 바르톨로는 음악교사 바질리오(베이스)의 도움을 받습니다. 반면 로지나와 린도르의 결혼을 이어주려는 주변 인물이 이발사 피가로(바리톤)입니다. 결국 린도르-피가로 편이 바르톨로-바질리오 편을 물리치고 결혼에 이른다는 이야기죠. 그리고 린도르가 백작이었다는 사실이 밝혀집니다. 이것이 전형적인 메타스타시오 오페라 형식입니다.

　　신기한 것은 우리나라의《춘향가》야말로 이런 오페라 부파의 플롯에 가장 잘 부합하는 구성이라는 사실입니다. 성춘향과 이몽룡이라는 젊은 커플이 중심에 있고, 그들 주변에는 방자, 향단, 월매 등의 주변 인물이 위치합니다. 그리고 둘의 결합을 방해하는 나이 많고 권력 있는 남자인 변학도가 등장합니다. 변학도의 방해에도 불구하고 피날레는 두 젊은 커플의 결혼으로 결론지어집니다. 완벽한 메타스타시오적 플롯입니다.

　　《춘향가》의 작가가 그 당시 나폴리로 유학을 가서 메타스타시오를 알았던 것일까요? 그럴 리는 없으니, 그는 희가극의 원리를 스스로 통달했던 것입니다. 즉, 이런 예술의 원리는 시대와 지역을 초월하여 통한다는 증거입니다. 지금 우리는 TV 드라마와 코미디 프로와 영화 등에서도 메타스타시오 스타일을 만나고 있습니다.

희가극의 교훈

이렇게 한 쌍의 연인과 그들을 방해하고 여주인공에게 눈독을 들이는 욕심 많은 부자 노인(또는 아저씨)의 구조가 희가극의 본령입니다. 이런 전형적인 작품들로는 앞서 언급한 《세비야의 이발사》를 위시하여, 모차르트의 《피가로의 결혼》, 로시니의 《알제리의 이탈리아 여인》, 《이탈리아의 터키인》, 도니체티의 《사랑의 묘약》, 《돈 파스콸레》 등이 있으며, 이들은 현대에도 가장 인기 있는 희가극들입니다.

이런 희가극 형태는 우리에게 시사하는 바가 많습니다. 즉, 그 속에는 "나이가 든 사람은 물러설 줄 알아야 한다"는, 기성세대에게 겸양과 지혜를 요구하는 메시지가 담겨 있습니다. 세상에서 물러서야 하는 노인이 노욕에 사로잡혀 여전히 사리사욕을 채우려 한다면 어떻게 될까요? 노욕은 결국 일을 망치고, 사회를 망치며, 젊은 세대에게 해를 끼칩니다.

오페라극장은 시민의 학교였습니다. "극장은 시민의 학교다"는 위대한 극작가 괴테의 말입니다. 희가극은 겉으로는 웃는 코미디이지만, 속으로는 가슴이 뜨끔할 교훈을 사회에

던져 왔습니다. 지금까지 우리를 웃기는 희가극들은 그런 내용과 감동을 갖고 있기에 살아남은 것입니다. 희가극이 단순히 웃기기만 한 것이 아니었던 것이죠.

그렇다면 당시 서양 사회가 노인들에게 요구한 것은 무엇이었을까요? 그것은 노인의 지혜였습니다. 나이 든 노인이 젊을 때와 마찬가지로 사욕의 충족과 재물의 축적에 몰두하는 것을 아름답게 보지 않았던 것입니다. 대신 인생의 경험에서 우러나온 지혜를 가지고 젊은 사람들을 돕고 사회를 이끌어 주기를 원했던 것이죠.

그런 훌륭한 노인을 그린 경우에는 노인이 지혜로운 자, 즉 현자賢者의 모습으로 오페라에 등장하는데, 이 역도 베이스가 맡습니다. 모차르트의 《코지 판 투테》에 나오는 돈 알폰소, 《마술피리》의 자라스트로, 로시니의 《라 체네렌톨라》에 나오는 알리도로 등이 그런 현자들입니다.

희가극의 종류

"나라별로 독자적으로 발전한 여러 희가극들"

이탈리아 희가극인 오페라 부파를 예로 들어서 말씀드렸지만, 희가극은 유럽 각 나라에서 제각기 다른 명칭으로 불려 왔습니다. 즉 이탈리아에서만 오페라 부파라고 했고, 프랑스에서는 오페라 코미크opéra comique 혹은 오페라 부프opéra bouffe라고 불렀으며, 독일에서는 징슈필Singspiel이라고 했습니다. 영국에는 발라드 오페라ballad opera가 있었고, 스페인에는 사르수엘라zarzuela라는 희가극이 있었습니다.

왜 이렇게 희가극의 이름은 다양할까요? 어느 나라나 비극은 그리스 비극의 전통을 계승하는 전통 위에 있는 것이기에 다들 오페라라고 부르고 구조도 비슷하지만, 희가극은 그리스와 무관하기 때문입니다. 희가극만큼은 자기 나라 백성이 즐기던 전래 민중극을 바탕으로 각기 발전해 왔습니다.

코메디아 델라르테

여러 나라의 희가극 중에서도 이탈리아 희가극인 오페라 부파가 가장 발전했고, 내용이나 형식도 수준이 높았습니다. 지금 세계의 오페라극장에서 많이 공연되는 유명 희가극도 오페라 부파가 많습니다. 오페라 쿠파는 이탈리아의 민중이 즐기던 '코메디아 델라르테commedia dell'arte'라는 극에 뿌리를 두고 있습니다.

코메디아 델라르테를 직역하면 '기술 희극'으로, 전문적인 기술을 가진 배우들이 하는 장인들의 코미디라는 뜻입니다. 특징은 보통 대여섯 명 내외가 출연하는데, 그들 각자의 성격과 역할이 정해져 있다는 점입니다. 그들은 공연 때마다 매번 새롭게 만든 주제나 스토리에 의해 즉흥적으로 극을 이끌어 갔습니다. 우리나라의 「개그 콘서트」 같은 TV 프로그램의 콩트를 떠올려 보면, 매주 영구나 맹구가 다른 이야기를 펼친다고 해도 그들이 어떤 행동을 할지 이미 예상할 수 있는 것과 같습니다. 그런 것도 코메디아 델라르테의 영향입니다. 그리고 배우들은 자신을 상징하는 가면이나 의상을 착용했습니다.

그래서 관객은 그가 어떤 역할이고 어떤 행동을 할지 미리 알 수 있었습니다. 마치 우리나라의 마당놀이와 흡사합니다. 우리는 말뚝이가 어떤 사람이고, 이쁜이가 어떤 성격인지, 양반이 어떤 행동을 할지 미리 짐작할 수 있습니다.

서양 문화에서 지금도 볼 수 있는 피에로, 스카라무슈, 아를레키노 등은 코메디아 델라르테에 등장하는 캐릭터들의 이름입니다. 유럽에서 판타로네라 하면 젊은 여성을 탐내는 노인을 가리키며, 콜롬비나는 바람기 많은 젊은 아가씨고, 도토레는 학식을 뽐내기 좋아하는 의사나 박사를 뜻하며, 카피타노는 허풍을 떨지만 속으로는 겁쟁이인 군인으로 통합니다.

코메디아 델라르테는 사실상 18세기에 사라졌습니다. 그러나 그 전통은 이탈리아 오페라 부파 안에 남았습니다. 레온카발로의 오페라《팔리아치》 2막에서는 코메디아 델라르테 공연이 재현됩니다. 그 코메디아 델라르테가 확장되어 오페라 부파의 근간을 이루었습니다. 즉 앞서 말한 오페라 부파 속 돈 많은 노인의 캐릭터는 판타로네에서 비롯되었음을 알 수 있습니다. 더불어 도니체티의 오페라 부파《사랑의 묘약》에 나오는 벨코레는 카피타노이며, 둘카마라는 도토레, 아디나는 콜롬비나가 원형이라는 것도 알 수 있습니다. 또한 푸치니의《투란도트》는 비가극이지만, 그중 2막 1장만은 오페라 전체와는 아주 다른 희화적 분위기를 보여 줍니다. 이는 푸치니가 코메디아 델라르테를 차용한 것입니다.

독일의 희가극

"민중의 그릇에 담아낸 독일의 사상들"

독일의 희가극 역시 독일 민중극에서 왔는데, 이것을 징슈필이라고 부릅니다. 징슈필의 첫 번째 특징은 독일어로 노래한다는 것입니다. 징슈필뿐만 아니라 모든 나라의 희가극은 비가극과 비교해서 연극적 측면을 더 중시합니다. 즉 웃음과 전달성을 강조하므로, 모든 나라의 희가극이 자기 나라 민중이 알아들을 수 있는 자국 언어로 공연되는 것입니다. 두 번째 특징은 레치타티보 대신에 연극처럼 대사臺詞를 쓴다는 것입니다. 악보 없이 그냥 말로 하는 것이죠. 예외적으로 레치타티보를 쓰기도 하지만, 대사가 중심입니다. 반면 이탈리아의 오페라 부파만은 대사는 없이 레치타티보로만 진행됩니다.

잘 알려진 징슈필이 모차르트의 《마술피리》입니다. 우리는 넓은 의미로 《마술피리》를 오페라라고 하지만, 세부 장르로는 징슈필이죠. 모차르트는 《마술피리》를 작곡할 때 징슈필이라는 당시 관념으로는 격이 떨어지는 형식으로 쓰면서도(극장 측의 제안이었습니다), 위대한 내용과 음악을 담아 명작을 완성했습니다. 명필이 붓을 가리지 않는 모습을 보여 준 셈

이죠. 베토벤의 《피델리오》와 베버의 《마탄의 사수》도 징슈
필입니다.

이죠. 베토벤의 《피델리오》와 베버의 《마탄의 사수》도 징슈
필입니다.

프랑스의 희가극

"오페라 코미크라고 모두 코미디는 아닙니다"

프랑스 희가극의 명칭은 오페라 코미크입니다. 이 역시 프랑스어로 공연되며 대사가 있습니다. '오페라 코미크'는 코믹한 오페라라는 뜻 외에도 두 가지 의미가 더 있습니다. 하나는 지금도 파리에 있는 극장인 오페라 코미크 극장을 일컫는 말이고, 또 하나는 그 '오페라 코미크'라는 극장에서 공연되는 작품을 일컫는 말입니다. 이름처럼 오페라 코미크 극장은 애당초 코믹 오페라를 공연하기 위해 세워졌지만, 점차 그렇지 않은 작품도 공연하게 되었습니다. 그래서 굳이 희극적인 내용이 아니더라도 오페라 코미크 극장에서 공연된 작품들도 오페라 코미크라고 불렀습니다. 그러니 오페라 코미크라고 해서 모두 희극은 아닌 것입니다.

비제의 《카르멘》, 토마의 《미뇽》, 마스네의 《마농》 같은 작품들이 모두 오페라 코미크 극장에서 초연되었습니다. 그래서 이 작품들의 내용은 비극이지만, 오페라 코미크로 불립니다. 그래서 진짜 웃기는 희가극은 구별하기 위해서 프랑스에서는 오페라 부프opéra bouffe라는 말을 많이 쓰게 되었습니다.

오페레타

이런 프랑스의 오페라 부프가 대중적인 연극의 방향으로 발전해서 생긴 것이 오페레타operetta입니다. 오페레타란 말은 오페라에 '작다'는 어미를 붙인 것으로, '작은 오페라'라는 뜻입니다. 과거 우리나라에서는 '가벼운 오페라'라는 뜻으로 경가극經歌劇으로 번역했는데요, 저는 '작다'기보다는 '가볍다'는 경가극이 오페레타의 성격을 잘 표현한다고 봅니다.

희가극이 성행하면서, 파리 사람들은 오페라가 지녔던 진지한 문학적 요소나 철학적 성찰보다는 "오늘 저녁은 좀 가볍게 즐기고 싶다"는 오락적 욕구를 갖게 되었습니다. 이것은 어떤 분야에서나 볼 수 있는 인간의 심리이자 대중의 경향입니다. 소설도 발전하다 보면 가벼운 로맨스 소설이나 추리 소설 같은 장르가 등장하고, 연극도 정극正劇 외에 단순히 웃음을 주거나 에로틱한 연극이 성행하는 것과 같은 이치입니다.

그래서 오페라 부프는 대중 친화적으로 발전하면서 점차 연극적인 요소가 음악적 요소를 압도합니다. 이에 따라 대사의 비중이 커지고 음악도 점점 대중적인 음악으로 변해 갑니다. 주제도 가벼운 것으로 바뀌었습니다.

이것이 오페레타인데, 프랑스 파리에서 자크 오펜바흐(1819~1880)를 중심으로 발전했습니다. 오펜바흐는 오페레타의 형식을 확립하고 파리 공연계를 휩쓸 만큼 대중적으로 성공했습니다. 오펜바흐가 남긴 오페레타는 90여 편에 이르는데, 지금도 공연되는 작품으로는 《지옥의 오르페우스(천국과 지옥)》와 《아름다운 헬레네》 등이 있습니다. 다만 그의 유명한 오페라 《호프만의 이야기》만은 오페레타가 아니라 정통 오페라입니다.

이렇게 오펜바흐를 중심으로 확립된 파리 오페레타는 큰 성공을 거두며 자리를 잡았고, 그 소식은 오스트리아의 빈에까지 전해졌습니다. 그 결과 빈에서도 오페레타가 만들어졌는데, 대표적인 작곡가는 요한 슈트라우스 2세(1825~1899)입니다. 이미 '왈츠의 왕'으로 명성을 얻었던 그는 오펜바흐의 영향으로 오페레타를 쓰기 시작합니다. 왈츠나 폴카 등 즐거운 곡들로 가득한 그의 대표적인 오페레타가 《박쥐》와 《집시 남작》입니다.

이렇게 오펜바흐를 중심으로 파리에서 성행한 오페레타를 '파리 오페레타'라고 부르고, 요한 슈트라우스를 중심으로 빈에서 발전한 오페레타를 '빈 오페레타'라고 합니다. 빈 오페

레타의 작곡가로는 요한 슈트라우스 2세 외에도 《경기병》을
쓴 프란츠 폰 주페나 《즐거운 디망인》을 남긴 프란츠 레하르
등이 있습니다.

레치타티보

아리아가 나오지 않는 그 시간

"아리아는 생각보다 너무 적습니다"

이제 오페라 속으로 들어가 봅시다. 오페라를 처음 접할 때 사람들은 두 가지 다른 반응을 보입니다. 하나는 "아름답다"는 반응이고, 다른 하나는 "잘 모르겠다"는 것입니다.

그런데 "아름답다"는 주토 아리아를 들을 때의 반응이고, "잘 모르겠다"는 아리아가 나오지 않는 대목의 반응이기도 합니다. 즉 오페라에서 아름다운 것은 아리아라고 여겨지며 그래서 우리는 오페라를 볼 때 아리아를 기대합니다. 그러나 오페라 전체에서 아리아는 기대했던 것보다도 적게 나옵니다. 생각보다 훨씬 적습니다. 이게 문제입니다. 자코모 푸치니(1858~1924)의 《토스카》를 좋아한다는 분들이 많은데, 거기에 아리아는 세 곡뿐입니다. 3막짜리 오페라이니 한 막에 겨우 하나씩인 셈이죠. 《토스카》는 2시간 정도 걸리는 오페라인데, 아리아 세 곡을 다 합쳐 봐야 겨우 10분 남짓입니다.

아리아만 듣는다면, 세 아리아를 듣기 위해 다른 장면, 즉 1시간 50분을 견뎌야 한다는 결론입니다. 그래서 아리아만 알고 있거나 아리아만 듣고 싶은 분은 다른 장면들을 두고 "모르겠다”는 반응을 보일 수 있습니다. 그런데 “모르겠다”는 말은 나아가 “지루하다”로, 다시 “어렵다”로 이어집니다.

그러나 사실은 어렵지 않습니다. 어려운 오페라가 있나요? 그런 오페라는 없습니다. 오페라는 극장 흥행을 위해 쓰였다는 사실을 상기해 봅시다. 어렵게 쓸 이유가 없습니다. 다만 우리가 잘 모를 뿐입니다. 익숙해지면 누구나 즐길 수 있습니다.

그래서 사람들은 종종 아름다운 아리아만 계속 이어지면 좋겠다는 상상을 합니다. 그렇게 해서 만들어진 것이 이른바 ‘갈라 콘서트’ 내지는 ‘아리아의 밤’ 또는 ‘오페라 하이라이트’ 같이 아리아만 모아 공연하는 무대입니다. 실제로 그런 콘서트만 즐겨 찾는 분도 있습니다.

하지만 그것은 오페라 감상이라고 할 수 없습니다. 라흐마니노프의 피아노 협주곡 2번을 들을 때에 본인이 좋아하는 2악장 첫 대목 5분만 반복해서 듣는 것과 같습니다. 물론 처음에는 너무 좋아서 그럴 수도 있습니다. 그러나 그것만 반복하며 계속 듣는 것은 라흐마니노프를 이해하는 것이 아니죠.

아리아가 필요해서 아리아를 넣었듯이, 아리아가 없는 부분 역시 필요해서 만들었을 것입니다. 사실 아리아는 특별한 준비가 없어도 클래식 음악을 좋아하는 사람은 쉽게 좋아합니다. 그렇다면 우리가 적어도 오페라를 '공부'하고 싶다면, 아리아가 아니라 '아리아 아닌 브분'을 듣고 그것에 익숙해지는 것이 목표일 것입니다. 그래서 아리아가 아닌 부분을 듣는 것이 오페라 공부의 시작입니다. 그것이 이 책을 쓴 이유이기도 합니다.

레치타티보의 탄생

이렇게 아리아가 나오지 않는 부분, 즉 음악도 별로고 가수가 염불하듯이 구시렁거리는, 우리가 별로 좋아하지 않는 부분을 '레치타티보recitativo'라고 부릅니다. 그래서 오페라는 크게 아리아와 레치타티보로 나눌 수 있습니다. 과거에는 아리아를 영창詠唱이라고 번역하고 레치타티보는 서창敍唱이라고 했습니다만, 요즘엔 잘 쓰지 않더군요. 하지만 영창이나 서창이라는 말은 아리아와 레치타티보가 가진 성격을 잘 드러냅니다.

그렇다면 왜 오페라의 음악을 아리아와 레치타티보로 나누게 되었을까요? 오페라는 음악극이니 노래로 스토리와 감정 등을 전달하는 방식입니다. 하지만 음악의 감정 표현이 아주 풍부해져서 음악이 복잡하게 발전하거나 오케스트라 반주의 음량이 커지면, 가사 전달이 잘되지 않는 단점이 있습니다. 그래서 가사 전달이 잘되는 것을 우선순위에 두려면, 반대로 음악이 단순해지거나 노래에서 기교를 줄이거나 오케스트라의 음량을 낮추는 방법을 써야 합니다. 즉 가사 전달을 위해 음악이 양보하는 순간이 필요합니다. 하지만 오페라의 가장 큰 매력이 음악이니만큼, 음악을 줄이는 것도 여의치 않은 일입니다. 결국 문학(가사)과 음악의 균형을 어떻게 맞출 것인가가 초기 오페라에서부터 중요한 과제가 되었습니다.

그 해결책이 바로 문학과 음악이 각자의 우위를 '동시에' 주장하는 것이 아니라, 문학이 앞서는 부분과 음악이 앞서는 부분을 나누어 '교대로' 배치하는 방식이었습니다. 그래서 문학이 앞서는 부분은 '레치타티보', 음악이 앞서는 부분은 '아리아'가 된 것입니다. 레치타티보는 그 드라마의 진행을 관객이 알아듣도록 오케스트라의 역할을 일부러 축소한 부분입니다. 그리고 가수들도 화려한 멜로디를 부르면 가사가 잘 들리지 않기 때문에 단순하고 강약과 고저의 변화가 크지 않은 방식으로 노래합니다. 이런 부분이 레치타티보로서, 음악적 매력은 떨어지지만 가사 전달 때문에 꼭 필요한 대목이 되었습니다.

그렇게 레치타티보가 진행되다가 흐름이 절정에 이른다든지 갈등이나 감정이 고조되면 아리아가 터져 나오게 됩니다. 아리아는 각 장면이나 대화의 절정이기 때문에 많이는 배치하지 않는 것입니다. 아리아는 선율이 화려하고 고음으로 치닫기도 하고 기교를 마음껏 과시하는 경우가 많아 가사가 잘 들리지 않습니다. 그러나 아리아는 문학이 음악에 자리를 내주는 부분입니다. 그러므로 아리아의 가사는 사실 그렇게 중요하지 않습니다. 관객은 이미 이전까지의 레치타티보를 통해서 어떤 일이 일어날지를 이미 짐작하고 있기에, 아리아에서는 주인공의 감정 표현에 주목하게 됩니다.

부인이 남편에게 잔소리를 늘어놓을 때, 남편들은 귀담아듣지 않습니다. 무슨 소리인지 이미 알기 때문입니다. 다만 부인이 얼마나 화가 났는지는 잘 알 수 있죠. 이것이 아리아입니다. 이전에 레치타티보를 통하여 이미 내용이 충분히 전달되었기 때문에, 아리아에서는 굳이 가사를 잘 들리게 할 필요가 없는 것입니다.

그래서 아리아는 가사보다 음악이 훨씬 앞서며 감정적입니다. 따라서 더욱 아름답고 격정적이며 우리의 눈물샘을 자극합니다.

문학과 음악의 결합은 쉽지 않은 과제였지만, 초기 오페라 시대에 문학이 앞서고 음악이 양보하는 레치타티보와 반대로 음악이 앞서고 문학이 뒤로 물러서는 아리아라는 두 부분으로 나누는 방법을 찾아내어, 오랫동안 이 방법을 유지했습니다.

아리아란 우리에게 익숙한 보통의 '노래'들과 별반 다르지 않지요. 반면 레치타티보란 오페라를 발명하면서 만들어낸 것입니다. 그러니 오페라가 탄생하면서 만들어진 새로운

부분이 레치타티보입니다. 즉, "오페라의 탄생은 바로 레치타
티보의 발명이다"라고 말할 수 있습니다. 레치타티보와 아리
아의 구분은 클라우디오 몬테비르디(1567~1643)에 의해 정식
으로 확립되었습니다.

레치타티보의 종류

지금부터 말하는 대목은 오페라를 처음 접하는 단계에서는 몰라도 괜찮습니다. 그러나 오페라에 흥미를 갖기 시작하면 이내 궁금해질 것입니다. 레치타티보에도 종류가 있으니 살펴봅시다.

몬테베르디가 레치타티보를 확립했을 때의 처음 형식은 '레치타티보 세코recitativo secco'라는 것입니다. 레치타티보 세코란 '오케스트라 반주가 없는 레치타티보'라는 뜻입니다. 세코란 '건조하다'는 뜻으로 오케스트라가 없어서 건조하다는 의미입니다. 레치타티보가 만들어진 이유가 가사를 잘 전달하기 위해 오케스트라 파트를 억제했던 데 있다고 했지요. 그래서 레치타티보 동안에 아예 오케스트라는 쉬고 대신 하프시코드 정도만 반주하는 방식을 썼습니다. 이 부분을 레치타티보 세코라고 부릅니다.

이런 식으로 레치타티보를 연주하면, 가수의 목소리가 악기에 묻히지 않고 가사가 잘 전달됩니다. 그리고 아리아가 시작되면, 이제부터는 어차피 가사보다는 감정의 표현이 중심이 되기 때문에 그간 쉬었던 오케스트라가 기다렸다는 듯이 가수와 함께 연주하는 것입니다.

그런데 볼프강 아마데우스 모차르트(1756~1791)가 활동하던 무렵에 이르러 레치타티보에도 오케스트라 반주가 등장하기 시작합니다. 그렇다면 레치타티보도 극적으로 변하겠지만, 오케스트라 소리 때문에 레치타티보의 가사가 안 들릴 우려가 있겠지요? 이것을 모차르트는 교묘하게 가사와 가사의 사이에 오케스트라가 마음껏 소리를 내는 방법을 찾았습니다. 그때부터 오케스트라가 나오는 레치타티보가 발전하게 되었습니다.

이렇게 오케스트라 반주가 붙은 레치타티보를 레치타티보 아콤파냐토recitativo accompagnato라고 부릅니다. 모차르트 이후로 레치타티보 아콤파냐토가 점점 많아지기 시작했고, 베르디에 이르러서는 레치타티보 세코는 완전히 사라지고, 오페라 전체의 레치타티보를 오케스트라가 반주하게 되었습니다. 레치타티보 아콤파냐토의 시대가 열린 것입니다.

아리아

아리아

오페라 하면 많은 이들이 먼저 아리아를 떠올립니다. 아리아는 오페라에서 가장 잘 알려져 있는 부분입니다. 아리아란 사전의 정의처럼 '오페라 중에서 독창으로 부르는 완결한 형식의 노래'를 일컫습니다. 〈남몰래 흐르는 눈물〉이나 〈여자의 마음〉, 〈공주는 잠 못 이루고〉 같은 곡들을 말합니다. 요즘은 오페라 공연을 보지 않더라도 영화나 텔레비전의 영향으로 아리아들의 제목과 멜로디가 익숙해져 있습니다. 그래서 아리아만 듣고 그것이 오페라라고 여기는 경향이 커졌을 테지요.

하지만 이런 아리아를 안다고 하더라도 그 아리아가 속한 오페라를 아는 것과는 완전히 다르다는 사실을 알아야 합니다. 아리아의 내용은 오페라 전체의 내용과는 무관하거나 크게 다른 것도 많기 때문입니다.

앞서 예로 든 테너 아리아 〈남몰래 흐르는 눈물〉은 제목만 보면 슬프고 애절한 곡으로 여겨집니다. 그래서 아리아만 듣고 그 오페라가 비극일 것이라고 지레짐작을 하곤 합니다. 그러나 이 아리아가 나오는 도니체티의 오페라 《사랑의 묘약》

을 보면 〈남몰래 흐르는 눈물〉은 제목처럼 "나는 슬퍼서 남들 몰래 울고 있어요"라는 내용이 전혀 아니고, "그녀의 눈에 남몰래 눈물이 흐르는 것을 숨어서 보니, 그녀도 나를 사랑하고 있음에 틀림없어요"라고 노래하는 행복한 내용입니다.

〈오, 나의 사랑하는 아버지〉라는 소프라노 아리아도 제목만 보면 효심이 극진한 딸이 아버지를 생각하면서 부르는, 마치 아버지 회갑연의 축가로 적합한 노래처럼 보입니다. 하지만 아버지 생신에 불러서는 안 될 노래죠. 곡의 내용은 "사랑하는 아버지, 그이와의 결혼을 계속 막으신다면, 저는 강물에 뛰어들어 죽고 말겠어요"라는 막무가내의 협박조를 띠고 있습니다. 게다가 이 곡이 들어 있는 푸치니의 오페라 《잔니 스키키》는 인간의 욕심을 풍자하는 작품입니다. 그중에서도 그녀의 아버지는 가장 남을 잘 속이는 탐욕스러운 인물로 묘사됩니다.

이렇듯 아리아는 오페라의 내용이나 주제와는 동떨어진 경우가 많습니다. 따라서 아리아를 안다고 해서 그것이 곧 오페라를 아는 것은 아닙니다. 아리아는 결코 오페라가 아닙니다.

아리아의 역할

또한 주인공이 아리아를 부르는 동안에는 오페라의 진행이 잠시 멈춘다는 사실에 주목할 필요가 있습니다. 스토리가 흘러가는 중에 멈춤pause 스위치를 눌러 놓은 것과 같습니다. 그때 아리아가 불리는 것입니다.

즉, 아리아는 연극에서의 '독백'과 다름없는 셈입니다. 그래서 독창자가 아리아를 부를 때 무대 위의 다른 출연자들은 아리아를 듣지 못하게 설정된 아리아들이 많습니다. 오로지 관객들만 알아들을 수 있게끔 되어 있죠. 즉 아리아는 노래하는 사람의 심정이나 감정을 홀로 토로하는 것이기에, 오페라 진행 방향과 다른 것이 많습니다. 앞서 말한 〈남몰래 흐르는 눈물〉뿐만 아니라, 《리골레토》에 나오는 〈여자의 마음〉이나, 《투란도트》에 나오는 〈공주는 잠 못 이루고〉 같은 아리아들이 독백조의 노래로서 남들은 들을 수 없게 설정된 예들입니다.

아리아는 드라마가 진행되다가 주인공이 감정을 분출할 수밖에 없는 절정에서 참지 못하겠다는 듯이 터져 나오는 노래입니다. 그래서 아리아는 애절하거나 극적입니다. 하지만 아리아가 좋다고 해서 계속 아리아에서 아리아로만 이어진다면, 마냥 좋을 수만은 없겠지요. 교향곡에서 음악이 천천히 고조되다가 절정에서 폭발하는 것과 같은 형태가 아리아입니다. 그래서 레치타티보가 진행되다가 아리아는 꼭 필요한 순간에만 나오는 것입니다.

물론 바로크 시대의 초기 오페라에는 아리아가 아주 많았습니다. 그러나 오페라가 발전하면서 아리아의 수가 점차 줄어들었습니다. 그것이 더 효과적이라고 생각했던 것이죠. 바로크 오페라에서는 한 인물이 아리아를 대여섯 곡씩 부르던 것이, 모차르트 시대에 이르러 한 출연자당 두 곡 정도로 정리가 되었습니다. 하지만 《피가로의 결혼》 같은 오페라는 출연자가 많으니, 한 사람이 두 곡의 아리아만 불러도 열 곡이 넘습니다.

그 후로 아리아는 꼭 불려야 할 결정적인 순간에만 등장하게 되었고, 베르디를 거쳐 푸치니, 즉 1900년경에 이르러서는 더욱 줄어들었습니다. 앞서 말한 푸치니의 《토스카》에는 아리아가 단 세 곡이며, 《라 보엠》이나 《투란도트》에도 다섯 곡 정도입니다. 이렇게 아리아의 수가 줄어들면서 대신에 더욱 극적이고 효과적으로 변해 왔습니다. 그렇게 아리아는 오페라의 꽃으로 자리 잡았습니다.

다 카포 아리아

오페라 역사에서 아리아도 여러 시대를 거치면서 형태를 바꾸어 발전해 왔습니다. 맨 처음에 자리 잡은 아리아 형태는 '다 카포^{da capo} 아리아'였습니다.

악기를 배워 본 적이 있는 사람이라면, '다 카포'라는 단어가 익숙할 것입니다. 한 곡이 다 끝나 간다 싶을 때, 막상 끝이 아니라 도돌이표가 붙어 있는 경우를 보았을 것입니다. 연습곡들은 모든 곡마다 빠짐없이 붙어 있을 정도였죠. 겹세로줄 앞에 두 개의 점이 있는 모양을 '도돌이표'라고 부르는데, 간혹 'D.C.'라고 적기도 하죠. 둘 다 같은 뜻으로 "맨 앞으로 돌아가서 처음부터 다시 연주하라"는 표시입니다. 이것을 '다 카포'라고 하는데 "처음부터"라는 뜻입니다.

그런데 맨 앞부터 다시 연주하여 끝까지 간다면 단순한 반복이 되겠지만, 대부분은 앞에서부터 반복하다가 중간쯤이 되면 끝내라는 뜻의 '피네^{fine}'가 나옵니다. 즉 두 번째 반복은 끝까지 가지 않는 경우가 많습니다. 중간에 멈추는 것이죠. 이 멈추는 데까지의 앞부분, 즉 두 번 연주하는 부분을 A라고 하

고, 멈추는 피네 이후의 부분을 B라고 하면, 이 상황을 A-B-A
로 정리할 수 있습니다.

　오페라 아리아의 이런 형식을 '다 카포 아리아'라고 합니
다. 다 카포 아리아는 오페라 역사상 처음 자리 잡은 아리아이
자 크게 히트한 아리아 형태입니다. 오페라 초기의 몬테베르
디가 오페라의 형식을 처음 갖출 때부터 다 카포 아리아가 나
타났고, 게오르크 프리드리히 헨델(1685~1759)에 의해 꽃을 피
웠습니다.

　다 카포 아리아에서 A는 보통 빠르고 경쾌하며 B는 대조
적으로 느리고 서정적입니다. 그러나 반대로 A가 느리고 B가
빠른 경우도 드물게 있습니다. 이렇게 대조적인 부분을 대비
시킨 것이 다 카포 아리아의 매력입니다.

　또한 A-B-A로 부를 때에 처음의 A는 당연히 악보대로 부
릅니다. 그러나 다 카포 이후의 두 번째 A에서는 가수가 나름
대로 꾸밈음을 넣거나 변환하는 등의 장식이 허용되었습니다.
다시 말해서 두 번째 A에서 장식을 더하여 처음 A와는 다르게
하는 것이, 다 카포 아리아의 매력이었습니다. 그래서 이름도
'다 카포 아리아'였던 것이죠. 그러니 악보는 A-B-A라고 해도
연주는 A-B-A'가 되었으며, 나중에는 A'의 악보에 아예 장식이
나 변환을 기입하기도 했습니다.

따라서 당시 성악가들에게는 A' 부분에서 자신의 기량과 개성을 얼마나 과시하는가가 성공의 관건이었습니다. 더불어 관객이 같은 오페라를 반복해서 보러 극장에 가는 이유도 이번 가수는 A' 부분을 어떻게 연주할지에 대한 기대감 때문이었습니다. 이런 형태는 인기를 끌었고 더불어 성악가의 기량도 높아지게 되었습니다. 헨델이나 모차르트 등의 오페라에 다 카포 아리아가 많습니다. 그러나 베토벤이나 로시니 시대에 이르러 다 카포 아리아는 점점 사라지게 됩니다.

이중 아리아

다 카포 아리아 다음으로 자리를 잡은 아리아가 '이중二重 아리아'입니다. 이름처럼 아리아 두 개를 연속해서 부른다는 뜻이죠. 즉, 한 등장인물이 일단 아리아를 시작하면 하나만 부르는 것이 아니라 두 개를 이어서 부르게 되는데, 두 곡의 성격을 대조적으로 만들어 극적인 효과를 냈던 것입니다.

처음에 부르는 아리아를 '카바티나cavatina'라고 부릅니다. 카바티나는 서정적이고 느린 곡입니다. 등장인물이 감정을 담아 느리고 애상적으로 부르는 것이지요. 실연을 당한 인물은 떠난 사랑을 슬퍼하고 상념에 젖는 그런 아리아를 부르겠지요. 그것이 카바티나입니다. 카바티나를 사전에서 찾으면, '2절이나 반복이 없는 단순하고 짧은 노래'라고 나옵니다. 그러한 용어를 오페라에 가져와 쓰고 있는 것입니다. 정의처럼 카바티나는 2절이 없이 계속 다른 선율로 진행됩니다. 그러나 2절이 없다고 해서 짧은 곡은 아니며, 길고 장대한 카바티나도 많습니다. 반복이나 2절이 없으니, 가곡에서 말하는 통작가곡通作歌曲과 유사하다고 볼 수 있습니다.

카바티나를 부른 뒤에 이어지는 두 번째 아리아는 '카발레타cabaletta'라고 합니다. 카발레타는 앞의 카바티나와는 대조적으로 빠른 곡입니다. 감정은 경쾌하거나 격정적으로 분출됩니다. 카바티나에서 눌려서 품고 있던 감정을 카발레타에서는 밖으로 터뜨려 내는 형태입니다. 카발레타란 '리드미컬하게 빠른 곡'이라는 뜻인데, 이름처럼 빠르고 짧지만 두 번 반복되는 것이 특징입니다. 이때 첫 절은 악보대로 부르고, 두 번째 절은 기교를 넣어서 부릅니다. 즉 꾸밈음을 많이 넣고 콜로라투라 기교를 과시하며 음을 악보보다 더 높게 올리기도 합니다. 두 번째 절은 가수의 능력을 과시하기 위한 부분이기도 합니다. 대부분의 카발레타에서는 1절과 2절의 가사가 같습니다. 그러나 같은 가사를 2절에서는 기교적으로 확대 강조하는 것입니다. 가곡으로 치면 유절가곡有節歌曲에 가깝습니다.

베르디의 《라 트라비아타》 1막에서 비올레타는 알프레도를 처음 본 이후 "그 남자가 나의 진정한 연인일까?"라는 카바티나 〈아, 그이인가〉를 부릅니다. 그러나 그녀는 이내 "그럴 리가 없다"고 부정합니다. 그녀는 이미 여러 번 사랑에 실패했고 더 이상 남자에게 희망을 걸지 않습니다. 그리고 병든 몸으로 언제 죽을지 모르니, 앞으로 얼마 남지 않은 세월을 "사랑에 연연하지 말고 마냥 즐기면서 살자"는 내용의 카발레타 〈꽃에서 꽃으로〉를 화려하게 노래합니다.

이제 카바티나와 카발레타를 연이어 부르는 경우를 도식화해 보죠. A는 카바티나고 B는 카발레타라면, 카발레타는 두 번 부르니까 A-B-B'의 모양이 될 것입니다. 앞서 얘기한 다 카포 아리아는 A-B-A'였으니, 어떻게 다른지 알 수 있지요.

그런데 이렇게 카바티나와 카발레타를 설명하니, 마치 두 곡을 바로 연이어 노래하는 것 같지만, 실제로는 그렇지 않습니다. 카바티나와 카발레타 사이에는 보통 레치타티보가 들어갑니다. 레치타티보에서 나오는 새로운 사실 때문에 가수의 심정이 영향을 받게 되고 그래서 격정의 카발레타로 넘어가게 되는 것입니다. 즉, 카바티나 다음의 레치타티보는 이후의 카발레타가 나올 필연성을 마련해 주는 역할을 합니다.

베르디의 《일 트로바토레》에 나오는 테너 만리코의 이중 아리아를 봅시다. 집시 군대의 지휘관 만리코는 우여곡절 끝에 사랑하는 여인 레오노라와 결혼식을 앞두고 있습니다. 그는 레오노라에게 사랑을 고백하는 서정적인 카바티나 〈오, 예, 내 사랑〉을 부르면서, "나는 죽을 때까지 당신만을 사랑하리라"고 맹세합니다. 그러나 이어 레치타티보가 나옵니다. 즉, 전령이 와서 "적진에서 집시 여인을 잡아 화형시키려고 한다"는 소식을 전합니다. 그 말에 만리코는 "그 집시 여인이 바로 내 어머니다"라고 외치며 어머니를 구하러 뛰어나가려고 합니다. 그러면서 만리코가 부르는 격정적인 카발레타가 〈저 타오르는 불꽃을 보라〉입니다. 그의 말에 놀라는 레오노라에게 만리코는 "나는 당신의 연인이 되기 전부터 그녀의 아들이었소"라고 노래하며 뛰어나갑니다. 이 카발레타의 2절 마지막에 높은 C를 내게 되어서, 테너가 멋지게 고음을 소화하면, 우레와 같은 박수가 쏟아지고 막도 함께 내리게 됩니다. 극장 안을 뜨겁게 흥분시키던 베르디 수법의 절정을 보여 주는 장면입니다.

이중 아리아를 가장 잘 활용하고 많이 쓴 사람은 이탈리아 낭만 오페라를 대표하는 세 사람, 빈첸초 벨리니(1801~1835), 가에타노 도니체티(1797~1848), 그리고 주세페 베르디(1813~1901)입니다. 이런 이중 아티아 구조는 베르디 중기부터 점차 쇠퇴하다가, 푸치니에 이르러서는 완전히 모습을 감추게 됩니다. 그 후로는 성악적 구조에 얽매이는 대신에 보다 자유롭고 연극적인 아리아를 추구하게 됩니다.

이탈리아 낭만주의 오페라의 꽃으로 한동안 극장을 풍미했던 이중 아리아는 '대조적인 두 개의 노래가 함께 이루어낸 완벽한 한 쌍'이라고 할 수 있습니다.

중창과 합창

중창

앞서 오페라는 레치타티보와 아리아의 반복이라고 설명했지만, 편의상 그렇게 표현했던 것이고, 사실 그 아리아 자리에는 아리아뿐만 아니라 중창이나 합창도 들어가는 것이죠.

그러나 초기 오페라에는 중창이 거의 없었습니다. 처음에 오페라는 레치타티보와 아리아가 반복되는 식이었습니다. 단순하고 지루한 패턴이죠. 중창이 아주 없었던 것은 아니지만, 오페라의 노래는 대부분 아리아였습니다. 그러다가 중창이 조금씩 많아지기 시작했습니다.

앞서 아리아가 불리는 동안에는 오페라의 진행이 중단된다고 말했습니다. 한 사람의 감정을 토로하는 대목이기 때문입니다. 그런데 중창은 이와 반대입니다. 즉, 중창은 극 진행에서 가장 중요한 부분으로 드라마 전개의 핵심으로 작동합니다. 한 명이 부르면 아리아고 둘 이상이 부르면 중창이라는 그런 개념을 넘어서, 아리아와 중창은 오페라에서 완전히 다른 역할을 하는 것입니다. 이것을 아는 것이 중창을 이해하는 열쇠입니다.

혼자서 객석을 향해 독백하는 아리아와 달리, 중창은 여럿이서 함께 노래하는 만큼, 배역 간의 의사 전달이 중요합니다. 이 점부터 아리아와는 기능이 정반대인 것이죠. 그리고 중창을 노래하는 동안 극의 진행은 멈추기는커녕 더욱 발전하고 전개되는 것이 보통입니다. 중창에서는 극이 빠르게 흐르고 등장인물 간의 관계, 즉 연애, 유대, 담합, 흥정, 음모, 대결, 갈등이 적나라하게 진행됩니다. 그러므로 오페라를 드라마라고 한다면, 극적인 매력은 중창 부분에 있다고 할 수 있습니다.

따라서 아리아는 선율에 취해서 들어도 좋지만, 중창은 다릅니다. 중창을 들을 때는 정신을 바짝 차리고 들어야 드라마의 핵심 줄기를 놓치지 않습니다. 물론 유명한 아리아의 선율에 비해 중창들의 멜로디는 비교적 덜 알려진 경우가 많습니다. 하지만 중창에서 두 개 이상의 선율이 교차하면서 만들어내는 멋진 음악은 아리아 못지않은 기쁨을 주며, 어쩌면 관객은 아리아를 능가하는 극적인 흥분과 깊이를 만끽할 수 있습니다.

2중창

"2중창은 오페라에서 가장 흥미진진한 부분입니다"

중창 중에서는 2중창이 가장 흔합니다. 2중창은 아리아만큼이나 많습니다. 2중창에서는 두 사람 사이의 감정이 절묘하게 어우러지거나 반대로 갈등이 표출됩니다. 그래서 2중창은 극적으로 뛰어나며 음악적으로도 아름다운 곡이 많습니다.

베르디의 《라 트라비아타》에 나오는 잘 알려진 〈축배의 노래〉는 두 남녀가 처음 만나 축배를 드는 화려한 2중창인데, 내용이 흥미롭습니다. 알프레도는 사랑의 미덕을 찬양하며 순정을 고백하지만, 비올레타는 "사랑이란 부질없는 것, 그런 소리는 말고 즐깁시다"라고 노래를 받습니다. 둘의 선율은 같지만, 가사는 뚜렷한 차이를 보이죠.

푸치니의 《나비부인》에서는 첫날밤에 두 사람이 〈초야의 이중창〉을 부릅니다. 미군 장교 핑커톤은 게이샤 초초상을 아내로 맞이했지만 백년해로할 생각은 애당초 없었지요. 핑커톤이 "너를 안으니 꼭 나비 같구나"라며 눈앞의 설렘을 말하지만, 초초상은 "미국인들은 나비를 잡아 핀을 꽂아 박제로 만든다

지요"라면서 비운을 예견합니다.

대단히 낭만적인 선율이지만, 내용 속에는 이렇듯 갈등이나 암시가 숨어 있습니다.

3중창 이상의 중창들

오페라에는 2중창 외에도 당연히 3중창, 4중창 등 다양한 중창이 있습니다. 3중창 이상의 다중창多重唱은 2중창과는 또 다른 매력을 지닙니다.

3중창은 2중창에 비해 갈등 구조가 약합니다. 세 사람이 심각한 갈등을 일으킬 때는 3중창을 부르는 경우가 많지 않습니다. 대신 세 사람이 이야기와 감정에서 일치를 이룰 때에는 멋진 3중창을 노래하기가 쉽겠지요.

대표적인 3중창은 베르디의 《아이다》의 시작 부분에 나옵니다. 공주 암네리스는 사랑하는 장군 라다메스와 정담을 나눕니다. 그때 몸종 아이다가 들어오자 암네리스는 아이다를 바라보는 라다메스의 눈길을 놓치지 않습니다. 이때 3중창이 시작되지요. 사랑하는 라다메스를 가까이할 수 없는 아이다의 안타까움, 그런 아이다를 향한 사랑을 내색할 수 없는 라다메스, 그런 둘을 의심하는 암네리스…… 셋은 각자의 마음을 숨긴 채로 독백하지만, 관객은 셋의 심정을 다 들을 수 있습니다.

4중창에는 유명한 명곡이 있으니, 베르디의 《리골레토》

에 나오는 〈사랑스러운 아가씨여〉입니다. 이 4중창은 두 팀으로 나뉘어 진행됩니다. 즉 두 사람씩은 서로의 말을 알아듣지만, 두 쌍 사이에는 교류가 차단된 형태입니다. 방 안에서 마달레나와 만토바 공작은 서로 호감을 갖고 유혹하고 있습니다. 그런데 창밖에서 이 모습을 지켜보는 리골레토와 질다는 그런 공작의 행동에 분노와 슬픔을 노래합니다. 마달레나와 공작은 서로 말을 알아듣고 리골레토와 질다 역시 서로의 노래를 알아듣습니다. 그러나 마달레나와 공작에게는 밖의 리골레토와 질다의 노래가 들리지 않는다는 설정입니다. 이중二重의 이중창인 셈이지요. 네 사람의 음악은 각기 다른 네 개의 선율로 흐릅니다. 그러면서도 네 선율이 어울리는 조화의 기막힌 아름다움을 들려줍니다.

도니체티의 《람메르무어의 루치아》에 나오는 6중창 〈무엇이 나를 멈추게 하는가〉에서는 여섯 인물이 각자의 심정을 노래합니다. 6중창 중에서는 최고의 명곡입니다. 그 외에 드물지만 7중창, 8중창 등도 있기는 합니다.

가장 많은 인원이 참여하는 중창은 로시니의 《랭스 여행》에 나오는 14중창 〈이 예측할 수 없었던 사태〉일 것입니다. 그러나 이렇게 사람이 많아지면, 음악적으로 조화되기가 어렵습니다. 결국 중창의 백미는 2중창이며, 명곡은 4중창 정도까지에 집중되어 있답니다.

합창

중창과는 달리 합창은 오페라 초기부터 존재했습니다. 아니, 더 거슬러 올라가서 합창은 고대 그리스 비극에서부터 극의 핵심이었습니다. 그리스 비극은 한 명에서 서너 명 정도의 독창자 외에 합창단으로 이루어졌습니다.

고대 그리스의 합창단은 무대 좌우로 두 파트로 나뉘어서, 서로 각 절節을 주고받는 식으로 노래했습니다. 합창단은 해설자의 역할을 했습니다. 주역이 비극을 겪고 감정을 표현하면 합창단은 그의 처지를 설명합니다. "아, 지금 신들이 그를 버린 것입니다", "누가 그의 손을 잡아 줄 수 있을까요?"라는 식으로 설명하며 상황을 이해하고 감정에 몰입하도록 관객을 돕습니다.

이런 일련의 장치를 '해설'이라고 합니다. TV 야구 중계에서 해설자는 어떤 역할을 합니까? 보통 시청자는 투수의 심리를 모르지만, 해설자의 말을 듣고 이해하게 됩니다. 해설자는 원아웃 주자 1·3루에서 어떤 일이 일어날지를 예측해 줍니다. 저는 야구 중계를 볼 때, 좋은 해설자의 역할이 그리스 비극의 합창단과 흡사하다는 생각을 합니다. 오페라가 생긴 이후에도 합창은 그런 역할을 맡았습니다. 그러니 합창에 주의를 기울이면 오페라의 맥락을 이해하는 데 도움이 됩니다.

많은 오페라가 첫 곡을 합창으로 시작합니다. 특히 도니체티, 벨리니, 베르디의 작품이 그러합니다. 합창이 배경을 설명하면서 드라마를 시작하는 것이죠. 이는 고대 그리스 비극과 다르지 않습니다. 그래서 "오페라는 합창으로 시작한다"라는 말이 있는 것입니다. 이렇게 오페라에서 합창은 아주 중요한 위치에 있습니다. 백 코러스 역할에 그치는 것이 아닙니다.

합창단

합창 이야기가 나온 김에 합창단에 대해서도 살펴보겠습니다. 유럽의 오페라극장은 오케스트라만 가지고 있는 것이 아니라, 전속 합창단도 보유하고 있습니다. 합창단은 오페라에서 중요한 역할을 한다고 이미 얘기했습니다. 따라서 오페라하우스란 단순한 건물이 아니라, 오케스트라, 무용단 그리고 합창단까지 갖춘 '시스템'을 가리킵니다.

그중에서도 합창단은 특히 중요합니다. 인기가 높은 성악가라면 한 시즌에 한 극장에서 한두 편의 작품에만 출연합니다. 그러나 합창단은 그 극장에 소속되어 시즌의 모든 공연에서 합창을 맡습니다. 게다가 작품마다 지휘자가 다르고, 연출가마다 해석도 달라서 이에 맞추어 연습해야 합니다. 그러므로 이 극장 저 극장을 돌아다니는 독창자들과 달리 합창단이야말로 매일 출근해서 매일 연습하고 공연하는, 극장의 진정한 주인입니다.

유럽 유수의 극장 합창단원들은 실력과 경험 면에서 매

우 출중합니다. 메조소프라노 체칠리아 바르톨리의 부모님은 로마 오페라극장 합창단원이었습니다. 그들은 여러 나라를 돌아다니는 독창자가 되기보다는 고향 로마에 살면서 극장에 출퇴근하고 가정을 지키기를 원했습니다. 그런 환경에서 바르톨리가 나타난 것이죠.

우리는 세계적인 오페라극장과 그곳의 인기 있는 오케스트라의 이름은 금방 떠올리지요. 그러나 그에 못지않게 합창단도 중요합니다. 그중에서 빈 국립 오페라극장 합창단, 라 스칼라 극장 합창단, 덴마크 왕립 오페라극장 합창단, 메트로폴리탄 극장 합창단 등은 세계적으로 명성이 높습니다. 이곳의 합창단원들은 수십 년의 경력을 통해 방대한 레퍼토리에 익숙해져 있습니다. 우리는 자주 스타 성악가들을 좇아 극장을 찾지만, 합창의 질도 공연의 감동에 큰 영향을 끼칩니다.

합창 지휘자

공연이 끝나고 막이 내려오면 주역들이 무대에 나와 인사하는 '커튼콜'을 합니다. 그런데 거의 처음에 나오는 한 분은 무대 의상도 입지 않고 정장 차림으로 나옵니다. 그가 인사를 하면 관객은 그가 누군지도 잘 모르는데, 무대 위의 합창단은 열렬히 박수를 보냅니다. 보통은 그가 합창 지휘자입니다.

그는 공연 훨씬 전부터 합창단을 지도합니다. 평소에도 합창단을 훈련시키며, 모든 오페라의 합창을 준비시킵니다. 그리고 전체 리허설이 시작되면, 그는 자신의 분신 같은 합창단을 전체 지휘자에게 인계하게 됩니다. 정작 공연에서는 무대에도 지휘대에도 서지 못하는 겁니다. 그래서 공연이 끝나면 그의 노고를 아는 관계자들이 힘찬 박수를 보내는 것입니다. 합창단원에게 합창 지휘자는 든든한 친정아버지 같은 느낌일 것입니다.

역대로 좋은 오페라극장에는 훌륭한 합창 지휘자가 있었습니다. 극장에서는 많은 공연이 올라가지만, 작품마다 지휘자도 주역 가수도 달라집니다. 그러나 어떤 공연이나 오케스트라와 합창단만은 같은 팀입니다. 그리고 합창 지휘자도 그 중 한 사람입니다. 그는 오페라에서 보이지 않고 뒤에서만 수고하는 숨은 주방장입니다. 수많은 장독을 매일 묵묵히 관리하는.

오케스트라

오페라의 오케스트라

우리나라에서 클래식 공연의 대명사처럼 여겨지는 것이 오케스트라 콘서트일 것입니다. 그런데 오케스트라 연주를 애호하는 이들 가운데에는 오페라에 거리감을 나타내는 경우가 적지 않습니다. 하지만 그들이 좋아하는 오케스트라 가운데 상당수가 사실은 오페라극장에서 오페라를 반주하는 오케스트라라는 사실을 의외로 많이 모릅니다.

빈 필하모닉 오케스트라는 우리나라도 자주 방문해 큰 인기를 누린 세계 정상의 오케스트라지요. 그런데 이 악단이 빈 국립 오페라극장 오케스트라의 또 다른 형태란 것을 아는 사람은 많지 않습니다. 빈 국립 오페라극장에서 오페라를 연주할 때는 '빈 국립 오페라극장 오케스트라'라고 불리고, 콘서트홀에서 콘서트를 할 때는 '빈 필하모닉 오케스트라'라고 이름이 바뀌어 불리는 것입니다. 물론 빈 국립 오페라극장 오케스트라의 단원이 더 많아서 그중 일부만이 빈 필하모닉 단원 이름을 사용할 수 있지만요. 그러니 빈 필하모닉 오케스트라 단원은 모두 빈 국립 오페라극장 오케스트라 단원입니다. 한

마디로 그들은 교향곡뿐만 아니라 오페라 연주에도 탁월한 기량을 갖춘 연주자들입니다.

결론적으로 오페라와 콘서트를 하는 두 오케스트라의 뿌리는 같으며, 빈 필하모닉은 오페라극장에서 시작된 것입니다. 드레스덴 슈타츠카펠레나 베를린 슈타츠카펠레라는 악단 이름도 들어 본 적이 있을 겁니다. 슈타츠카펠레라는 말은 독일어로 '국립 오케스트라'라는 뜻입니다. 이들도 빈 필하모닉 오케스트라처럼 드레스덴 슈타츠오퍼와 베를린 슈타츠오퍼의 오케스트라들입니다. 슈타츠오퍼란 '국립 오페라극장'이라는 뜻이지요. 그래서 콘서트를 할 때는 슈타츠카펠레라는 이름을 쓰지만 같은 악단입니다.

이렇듯 우리가 아는 많은 오케스트라의 뿌리는 오페라하우스에서 비롯되었습니다. 유럽의 많은 오케스트라가 지금처럼 발전하고 체계를 갖추게 된 것은 오페라하우스에서의 훈련과 경험 그리고 흥행에 의한 재정 자립의 결과입니다. 이렇게 오케스트라는 역사적으로나 생리적으로나 오페라와 분리될 수 없는 존재입니다.

참고로 유럽의 유명 오케스트라 중에서 오페라하우스와는 무관하게 설립되어 발전한 경우는 도리어 예외적입니다. 대표적인 예가 베를린 필하모닉 오케스트라와 런던 심포니 오케스트라 등이죠. 결론적으로 오페라 연주를 잘하는 오케스트라가 콘서트도 잘하는 법이지, 두 장르의 연주를 구분하기는 어렵습니다. 많은 오케스트라가 오페라를 통해 실력을 닦아 온 것입니다.

과거 뉴욕 메트로폴리탄 오페라극장의 오케스트라는 오페라 녹음을 마친 뒤 예정보다 시간이 남는 상황이 생긴 적이 있습니다. 이때 지휘자 제임스 레바인의 제안으로, 예정에도 없었고 별도의 준비나 연습도 거의 없이 브람스의 교향곡 1번을 즉석에서 연주했습니다. 이 연주는 공식 음반으로 발매되지는 않았지만, 당시 현장을 기억하는 이들 사이에서 놀라운 완성도의 연주로 회자되며 메트로폴리탄 오페라 오케스트라의 뛰어난 역량을 보여 주는 인상적인 일화로 남아 있습니다.

오페라하우스의 인프라

"오페라하우스란 건물이 아니라 시스템입니다"

오페라하우스라고 하면 건물부터 떠올릴 것입니다. 그러나 오페라하우스는 건물만 지칭하는 것이 아닙니다. 오페라를 올리기 위해서는 그 안에 오페라 제작을 위한 시스템을 갖추고 있어야 합니다.

어떤 기관이 오페라하우스를 만들겠다고 했을 때, 건물만 짓는 것이라 생각했다면 큰 오산입니다. 오페라하우스라는 것은 오페라를 제작해서 올릴 수 있는 시설과 기술적인 시스템은 물론이고 인적 시스템을 늘 가동하는 기관을 뜻합니다. 과거에는 극장 건물이 세워지는 것 자체가 화제가 되곤 했습니다. 하지만 이제 건물은 뉴스거리가 되지 못합니다. 우리나라도 도시마다 경쟁하듯 공연장을 만들고 있습니다. 대도시의 경우 거의 구청 단위로 현대식 공연장을 갖추고 있는 실정입니다.

그 많은 우리나라 공연장들이 시설이나 주변 환경의 측면에서 유럽의 지방 오페라극장들보다 나았으면 나았지 못하지는 않습니다. 종종 "우리나라 콘서트홀이나 오페라하우스의 시설이 국제적으로 어느 정도 수준인가요?”라고 물어 오는 분이 있습니다. 우리나라의 시설은 뛰어난 편입니다. 대부분의 유럽 오페라하우스들은 지금도 오래되고 낡은 건물에서 공연을 이어 갑니다.

그러나 극장이 유명한 것은 공연이 뛰어나기 때문이지 시설이 좋아서가 아닙니다. 세계적으로 명성 높은 극장에 가 보면 종종 낙후된 시설에 깜짝 놀라기도 합니다. 하지만 그것이 극장의 위상을 떨어뜨리지는 않습니다. 건물이 좋아서 하버드가 아니고 시설이 뛰어나서 서울대가 아닌 것과 같습니다.

좋은 극장은 시설만이 아니라 인적 인프라를 탄탄하게 갖추고 있습니다. 그중에서도 핵심은 오케스트라, 합창단, 무용단입니다. 이들을 자체적으로 상시 보유하고 있어야만 진정한 오페라하우스라고 부를 수 있습니다. 여기에 더해 무대시설팀, 장치팀, 의상팀, 분장팀, 소품팀 등도 있어야 합니다. 이 모든 인적 시스템이 어우러졌을 때, 비로소 ‘오페라하우스’가 완성됩니다.

그중에서도 가장 중요한 것은 오케스트라입니다. 오케스트라야말로 오페라하우스 운용의 필수 조건입니다. 우리나라도 ‘오페라하우스라는 이름을 붙인 건물들’이 생겨나고 있습니다. 하지만 자체 오케스트라를 보유한 오페라하우스는 아직 없습니다. 알맹이는 없는 깡통 건물입니다. 합창단도 무용단도 없습니다. 분장팀이나 의상팀도 상주하지 않습니다. 그래서 공연 때마다 오케스트라, 합창단, 무용단 등 모든 팀을 외부에서 불러와야 합니다. 그때마다 예산은 늘어나고, 비용은 고스란히 티켓 가격에 반영됩니다. 효율은 떨어지고 품질도 개선되지 않으며 비용만 상승하는 구조입니다.

오페라의
관현악곡

서곡

"오페라 속에서 유일했던 관현악곡"

오페라에서는 막이 오르기 전에 관현악곡을 한 곡 연주하는 것이 상례입니다. 이것을 서곡序曲이라고 합니다. 오페라가 아닌 경우에도 우리는 "무엇은 무엇의 서곡에 불과하다" 같은 표현을 쓰죠. 이때의 의미는 "아직 본 막이 아니라 시작 단계에 불과하다"라는 말이지만, 오페라에서는 서곡이 나오면 뒤를 이어서 반드시 막이 열리게 됩니다.

흔히 서곡을 '오버처overture'라고 하지만, 이탈리아에서는 '신포니아sinfonia'라고도 부릅니다. 신포니아에서 교향곡을 뜻하는 심포니symphony가 나왔습니다.

바로크 시대까지 오페라 중간에는 관현악곡이 거의 없었습니다. 그래서 처음에 연주하는 서곡이 오페라 전체에서 유일한 관현악곡인 경우가 많았습니다. 그리고 당시의 서곡은 오페라의 내용과 관련이 없는 곡도 많았습니다. "자, 시작 전에 관현악곡을 한 곡 듣고 하자"는 의미가 컸지요.

그래서 한 오페라를 위해 쓴 서곡을 다른 오페라에 또 쓰거나 조금만 고쳐서 재활용하는 것도 흔한 일이었습니다. 로시니의《세비야의 이발사》서곡은 명곡이지만, 이전의 그의 다른 오페라《영국 여왕 엘리자베타》서곡을 재활용한 것입니다. 따라서 극의 내용과도 상관이 없으며, 극 중의 선율이 등장하지도 않습니다.

서곡은 오페라의 유일한 관현악곡으로 각광받았고, '심포니'라는 이름의 교향곡으로 발전하게 되었습니다. 지금도 오래전에 출판된 책에는 '신포니아'를 '교향곡'이라고 번역한 경우가 있습니다. 심지어는 베르디의 오페라《운명의 힘》서곡을 '베르디의 운명 교향곡'이라고 번역한 책도 봤어요. 서곡이라는 개념을 제대로 알지 못해 생긴 일입니다.

그러나 이후로 서곡 외에도 여러 가지 관현악곡이 발전하여, 오늘날 오페라에서는 다양한 관현악곡을 들을 수 있습니다. 이제 오페라에 나오는 관현악곡들을 살펴보겠습니다.

전주곡

막이 오르기 전에 연주되는 관현악곡을 때로는 서곡이 아니라 '전주곡前奏曲, prelude'이라고 표기한 경우도 있습니다. 그래서 어떨 때는 서곡이라고 부르고 어떨 때는 전주곡이라고 부르는지, 아니면 두 용어를 구분하지 않고 써도 되는지 혼란스러워하는 분들이 있습니다.

옳게 부르는 법은 한 가지입니다. 악보에 쓰인 대로 부르는 것이죠. 악보에 작곡가가 서곡이라고 표기했다면, 즉 원어로 오버처나 신포니아라고 썼다면 서곡이라 불러야 합니다. 반대로 전주곡이라고 썼으면 전주곡이라고 불러야 합니다. 들어서 구분하기는 어렵습니다.

다만 서곡과 전주곡의 의미는 다릅니다. 서곡은 '오페라 전체'의 앞에 나오는 곡이라는 뜻입니다. 대신 전주곡은 그 뒤의 '막幕 하나만'을 꾸미는 곡을 말합니다. 베르디의 《라 트라비아타》는 3막의 오페라인데, 1막과 3막에 각기 유명한 전주곡이 나옵니다. 그래서 처음 것은 '제1막 전주곡'이라고 부르고, 뒤에 나오는 것은 '제3막 전주곡'이라고 부릅니다(2막에는 전주곡이 없습니다).《라 트라비아타》의 내용을 보면, 1막은 여주인공이 사랑을 시작하는 이야기이며, 3막에서는 그녀가 죽음을 맞습니다. 베르디는 애당초 오페라의 제목을 '사랑과 죽음'으로 할까 고민했다고 합니다. 그런 맥락에서 제1막 전주곡은 '사랑'을, 제3막 전주곡은 '죽음'을 그리고 있습니다. 이렇듯 전주곡은 뒤의 막을 꾸미고 그 막의 내용을 상징하는 역할을 합니다.

서곡이 먼저 성행하다가 서곡 대신 각 막을 꾸미는 전주곡을 쓰는 변화가 일어나는데, 이 변화를 본격적으로 시도한 작곡가가 바그너입니다. 그는 1845년에《탄호이저》를 쓸 때 서곡을 작곡했는데, 이 곡은 콘서트에서도 따로 연주되는 명곡이지요. 그런데 바그너는 다음 작품, 즉 1850년에 발표한《로엔그린》에서는 서곡이 아니라 전주곡으로 바꿉니다. 즉《로엔그린》에는 서곡이 없고, 대신에 3막의 각 막마다 전주곡을 넣었습니다.

이것은 오페라 역사에서 분기점으로,《탄호이저》까지를 '서곡의 시대'라고 한다면《로엔그린》부터는 '전주곡의 시대'가 열린 셈입니다. 그 후로 바그너는 자신의 모든 오페라의 모든 막마다 전주곡을 넣었습니다. 그 전주곡들은 다음에 올 막의 내용을 음악으로 얘기해 주고, 선율을 들려주고, 막이 오르면서 자연스럽게 막 속으로 이행하는 효과를 냅니다. 그런 《로엔그린》의 영향으로 베르디도 자신의 다음 오페라 《라 트라비아타》에 서곡 대신 두 곡의 전주곡을 넣었던 것입니다.

그래도 굳이 서곡과 전주곡을 구별하자면, 서곡은 완전히 독립된 관현악곡으로 전주곡보다 긴 것이 보통입니다. 전주곡은 대부분 서곡보다 짧을 뿐만 아니라, 곡이 끝나지 않은 채로 다음 막의 첫 곡으로 자연스럽게 이행해 가는 경우가 많습니다. 이 전환 과정에서 막이 오르게 됩니다. 그래서 완결된 서곡은 연주가 끝나면 지휘자가 돌아서서 인사를 하거나 관객이 박수를 치는 것이 보통이지만, 전주곡은 그런 일이 없이 다음 막의 내용으로 바로 연결되는 경우가 많습니다. 하지만 다 그런 것은 아닙니다. 조르주 비제(1838~1875)의 《카르멘》의 첫 번째 곡은 '제1막 전주곡'이라그 표기되어 있지만, 전주곡이 끝나면 박수가 쏟아지고 지휘자도 관객에게 돌아서서 인사를 하는 경우가 많습니다. 결국 작품에 따라 달라지는 것이죠.

간주곡

비제의 《카르멘》은 4막짜리 오페라입니다. 《카르멘》의 제1막 전주곡은 앞에서 설명했습니다만, 《카르멘》은 나머지 세 막도 시작하기 전에 모두 관현악곡이 나옵니다. 그렇다면 각기 제2막, 제3막, 그리고 제4막 전주곡이라고 불러야 할 것 같지요. 그런데 비제는 나머지 세 곡에 모두 '간주곡間奏曲'이라는 이름을 붙였습니다. 왜 비제는 전주곡이라고 하지 않고 간주곡이라고 했을까요? 전주곡과 간주곡의 차이는 무엇일까요?

형식적으로는 전주곡과 간주곡의 차이를 명확히 구분하기는 어렵습니다. 오페라의 관현악곡은 원래 서곡만 있었고, 나중에 전주곡이 등장했다고 말했지요. 그리고 19세기 말에 간주곡이라는 용어가 등장했습니다. 간주곡은 이탈리아어로 인터메초intermezzo라고 부릅니다. 막간幕間이라는 단어와 같으니, 막간곡幕間曲이라는 뜻입니다.

그런데 오래된 오페라에서도 간주곡은 찾아볼 수 있습니다. 1762년에 크리스토프 글루크(1714~1787)가 작곡한 《오르페오와 에우리디체》에는 〈정령들의 춤〉이라는 관현악곡이 있습니다. 오르페오가 죽은 아내를 만나기 위해 저승으로 내려갈 때 이 곡이 연주됩니다. 이승 장면이 끝나고 저승 장면이 시작되기 전에 나오죠. 그러니 사실상 간주곡의 역할을 합니다. 즉 간주곡이라는 용어는 후대에 등장하지만, 간주곡의 역할을 하는 관현악곡은 이미 존재했던 것입니다. 유명한 바이올린 곡인 〈타이스의 명상곡〉도 사실은 쥘 마스네(1842~1912)의 오페라 《타이스》에 나오는 곡으로서, 일종의 간주곡이라고 할 수 있습니다.

그리고 오페라에서는 막과 막 사이가 아니라 장과 장이 바뀔 때, 즉 장면이 전환될 때 나오는 '장면 전환 음악'이라는 것이 종종 있는데, 엄밀하게 이것도 간주곡의 일종이라고 볼 수 있습니다.

가장 널리 알려진 간주곡은 마스카니(1863~1945)의 《카발레리아 루스티카나》의 간주곡일 것입니다. 이 아름다운 곡 때문에 간주곡이라는 이름이 널리 퍼졌다고 해도 과언이 아닐 것입니다. 그 외에도 루제로 테온카발로(1857~1919)의 《팔리아치》, 푸치니의 《마농 레스코》에 나오는 간주곡이 유명합니다. 간주곡들은 보통 명상적이고 감미로워서 명곡이 많습니다. 헤르베르트 폰 카라얀이 지휘한 명반 『간주곡들Intermezzi』

은 오페라의 명간주곡들만 모은 음반으로 큰 인기를 끌었습니다. 성악이 아니어도 오페라에는 매력적인 관현악곡이 많다는 사실을 알려 주는 사례입니다.

발레곡

많은 오페라에 발레 장면이 있습니다. 발레 장면을 위해서는 발레곡이 필요하겠지요. 특히 프랑스에서 발레가 발전했습니다. 이탈리아 오페라를 도입한 프랑스는 이탈리아에 비해 성악이 발전하지 못했습니다. 그래서 성악이 자리를 잡는 과정에서 관객들을 유인하기 위해 오페라 속에 발레를 많이 삽입했습니다. 초기 프랑스 오페타의 작곡가 장바티스트 륄리(1632~1687)의 오페라들이 특히 그러했습니다. 하지만 후기 낭만주의 시대 이후로 급격히 발레가 줄어들게 됩니다.

오페라의 발레 장면에서는 발레단이 등장해 기량과 예술성을 선보입니다. 가장 널리 알려진 발레 장면은 베르디의 《아이다》 가운데 〈개선 장면〉에서 노예들이 추는 발레나 비제의 《카르멘》 중 〈집시의 노래〉에 나오는 집시들의 발레 등입니다. 그 외에 바그너의 《탄호이저》 중 〈바카날레〉, 폰키엘리의 《라 조콘다》 중 〈시간의 춤〉, 차이콥스키의 《예브게니 오네긴》 중 〈폴로네이즈〉 등이 오페라의 대표적인 발레들입니다.

발레단

앞에서 오페라하우스의 필수적인 조직으로 합창단을 이야기했습니다. 그런데 합창단만큼이나 오페라하우스에 필요한 중요한 조직이 무용단입니다. 근현대 오페라에서는 무용이 없는 경우도 많지만, 고전 오페라를 공연하기 위해서는 무용단이 필요합니다.

외국의 오페라하우스에서는 무용단이라는 말보다는 발레단이라는 표현을 많이 씁니다. 최근에는 오페라 발레에도 현대 무용이 등장하는 등 다양한 형태로 발전했고, 민속 무용이나 재즈댄스까지도 등장했습니다.

우리도 아는 세계적으로 유명한 발레단으로는 볼쇼이 발레단과 로열 발레단이 있습니다. 그러나 원래 볼쇼이 발레단이나 로열 발레단은 독립된 단체가 아니었습니다. 애초에는 오페라하우스에서 오페라 중의 발레를 공연하기 위한 한 부서였던 것이죠. 즉 통상 볼쇼이 발레단으로 부르는 팀은 모스크바 볼쇼이 극장의 발레팀을 말하는 것이고, 로열 발레단은 런

던의 로열 오페라하우스의 발레툽을 일컬었습니다. 이들이 유
명해지고 또 따로 공연하면서 독립된 이름으로도 불리게 된
것이지만, 원래는 모두 오페라하우스에 소속된 발레팀이었습
니다.

　오페라극장의 발레단은 오페라 속 발레에 참여하는 것이
중요한 직무지만, 별도로 자신들의 발레 공연도 합니다. 〈백조
의 호수〉나 〈지젤〉 같은 것들 말이죠. 여러분은 오페라극장은
알지만 발레극장이라는 말은 거의 들어 보지 못했을 것입니
다. 왜일까요? 즉 발레단의 공연 장소도 원래 오페라하우스이
기 때문입니다. 이렇게 오페라와 발레는 실과 바늘같이 함께
발전해 온 관계입니다.

오페라 가수의
성부

성부의 기능

우리는 성악가를 목소리에 따라 소프라노, 테너, 바리톤 등으로 나눕니다. 오페라에서도 마찬가지죠. 그런데 오페라의 경우에는 목소리마다 각기 맡는 역할도 다르고 성격도 달라집니다. 그래서 목소리의 종류를 아는 것이 오페라 감상에 좋은 길잡이가 됩니다.

그러면 오페라 가수의 성부聲部에 대해 알아볼까요? 흔히 여성의 목소리는 소프라노, 메조소프라노, 알토로 나눕니다. 남성의 경우는 테너, 바리톤, 베이스로 나누죠. 오페라에서도 이렇게 구별하는데, 이런 목소리의 유형을 성부라고 합니다.

여성의 경우를 보지요. 오페라에서 대부분의 여자 주인공은 소프라노가 맡습니다. 반면 그녀의 주변 인물, 보통 친구나 라이벌은 메조소프라노에게 돌아갑니다. 그래서 소프라노와 메조소프라노 소리의 대비가 가능하게 됩니다. 모차르트의 《코지 판 투테》에는 두 자매가 나오는데, 언니 피오르딜리지는 소프라노, 동생 도라벨라는 메조소프라노가 맡습니다. 두 자매는 2중창을 자주 부르는데, 이렇게 달라야 멋진 화음이 가능하겠지요.

이런 식으로 성부에 따라서 배역이 결정되기 때문에 성부에 대해 알고 있으면 오페라를 즐기는 데 도움이 됩니다. 이렇게 배치할 경우 일반적으로 소프라노가 맡는 배역인 피오르딜리지가 여주인공이 됩니다.

프리마 돈나

"오페라의 바로 그 주인공"

앞에서 "오페라는 여성의 이야기"라고 했습니다. 사실 대부분의 오페라는 여성의 이야기, 그것도 '여성의 사랑 이야기'라고 해도 과언이 아닐 것입니다. 이러한 여자 주인공을 '프리마 돈나prima donna'라고 부릅니다. 무대에서의 '첫 번째 여자'라는 뜻인데, 반면 남자를 일컫는 '프리모 우오모primo uomo'란 말은 거의 들어 본 적이 없을 겁니다. 여자가 주인공이기 때문입니다.

대신에 프리마 돈나가 남성을 사랑할 때, 상대역인 남자 연인은 거의 테너입니다. 대부분 테너의 무지나 오해, 아니면 질투, 바람기 또는 옹졸함이나 욕심, 그리고 간혹 의무 등으로 여주인공을 버리거나 떠나고, 대단원은 프리마 돈나의 장렬한 죽음으로 막을 내립니다. 그런 이유로 순진한 여성에게 접근해 구애하다가, 나중에는 앞서 말한 이유로 그녀를 버려서 죽음에 이르게 하는 남자를 전문 용어로 '테너'라고 합니다.

우리에게 잘 알려진 대부분의 유명 오페라 여주인공들이 프리마 돈나에 해당합니다. 《라 트라비아타》, 《아이다》, 《나비

부인》, 《토스카》, 《마농 레스코》, 《노르마》, 《람메르무어의 루
치아》 등의 명작들이 다 그러합니다. 이 오페라들은 제목조차
도 모두 희생되는 프리마 돈나들의 이름이거나 그녀를 지칭하
는 말입니다.

소프라노

"오페라의 꽃 소프라노의 다양한 아름다움"

오페라의 여자 주인공인 프티마 돈나는 대부분 소프라노입니다. 소프라노는 여성의 대표적인 성부이자 가장 흔한 성부이기도 합니다. 주변에 성악을 공부하거나 전공하는 여성이 있으면 물어보세요. 아마도 열에 아홉은 소프라노라고 답할 것입니다. 드물게 메조소프라노가 있으며, 알토는 클래식 팬도 평생에 직접 만나는 경우를 손에 꼽을 정도입니다.

참고로 어떤 서양 통계에 따르면 성악도 중에서 소프라노가 75퍼센트이며, 25퍼센트가 데조소프라노고 알토는 1~2퍼센트라고 합니다. 저의 개인적인 체감상 소프라노가 90퍼센트는 될 것 같으니, 사실 통계만으로는 단정하기 어렵습니다. 성부는 성장 과정이나 훈련에 따라 바뀔 수 있기 때문입니다. 성부가 평생 고정되는 것은 아닙니다. 우리가 아는 성악가 중에서도 커리어 중간에 성부를 바꾼 사례는 많습니다.

이처럼 여성 성악가 가운데 소프라노가 너무 많기에, "그녀는 소프라노다"라고 말하는 것만으로는 그녀에 대한 상세한 정보가 될 수 없습니다. "그 집 아들이 야구 선수다"라고 하면,

투수인지 포수인지조차 알 수 없는 것과 같습니다. 야구에 다양한 포지션이 있는 것처럼 소프라노의 세계도 여러 갈래로 나뉘니, 투수도 오른손과 왼손, 오버스로와 언더스로 등으로 세분되는 것과 흡사합니다. 또 앞으로 설명할 구분도 겹치거나 바뀔 수 있습니다. 3루수가 때로는 1루수를 맡는 것과 같습니다.

그래서 소프라노를 셋으로 다시 나눕니다. 여기서의 분류 기준은 음성의 높이가 아니라 음성의 특질特質이라는 점이 중요합니다.

먼저 '소프라노 레제로soprano leggiero(레제로 소프라노)'입니다. 소프라노 중에서도 가장 가벼운 소리를 가진 유형으로, 마치 솜털이 공기 중에 떠다니듯 가벼운 음성으로 노래합니다. 가벼워서 노래가 자주 날카로우며 기민한 기교를 쉽게 구사할 수 있다는 장점이 있습니다. 우리나라의 조수미, 신영옥 같은 분들이 이 영역에 해당하지요. 세계적으로는 조안 서덜랜드, 에디타 그루베로바, 나탈리 드세이가 대표적인 레제로 소프라노입니다. 이 영역의 대표적인 배역은 《마술피리》의 밤의 여왕, 《람메르무어의 루치아》의 루치아, 《리골레토》의 질다, 《청교도》의 엘비라 등입니다.

다음으로는 '소프라노 리리코soprano lirico(리릭 소프라노)'입니다. 서정적인 소프라노라는 뜻인데, 레제로보다도 우아하고 품격 있는 소프라노로서 빠른 기교보다는 길게 이어지는 가락, 즉 프레이징에 적합합니다. 우리나라의 홍혜경을 들 수 있으며, 세계적으로는 레나타 테발디, 미렐라 프레니, 르네 플레밍 등이 대표적인 가수들입니다. 《피가로의 결혼》의 백작부인, 《코지 판 투테》의 피오르딜리지, 《오텔로》의 데스데모나 등이 이 영역의 가수들에게 어울리는 서정적인 배역입니다.

마지막으로 소프라노 중에서 가장 무거운 질감을 가진 '소프라노 드라마티코soprano dramatico(드라마틱 소프라노)'입니다. 이들은 강렬하고 무거운 목소리로 격정적이거나 압도적인 표현에 뛰어납니다. 역사적으로 레온타인 프라이스, 에바 마르톤, 마리아 굴레기나가 대표적인 드라마틱 소프라노입니다. 《아이다》의 아이다, 《나비부인》의 초초상, 《일 트로바토레》의 레오노라, 《투란도트》의 투란도트 등이 드라마틱 소프라노에게 어울리는 배역이며, 바그너 오페라의 여주인공들은 대부분 드라마틱 소프라노에게 적합합니다.

그러나 리릭 소프라노의 경우는 다시 세 가지로 분류할 수 있습니다. 목소리의 질이 가벼운 순서대로 소프라노 리리코 레제로lirico leggiero, 소프라노 리리코lirico, 그리고 소프라노 리리코 스핀토lirico spinto입니다. 이렇게 하면 앞에서 언급한 분류를 포함해 순서대로 소프라노는 레제로, 리리코 레제로, 리리코, 리리코 스핀토, 드라마티코의 다섯 단계가 됩니다. 그리고 흔히 리리코 레제로와 리리코 스핀토와 비교해 그 중간에 있는 리리코를 강조하고 싶을 때는 리리코 푸로^{lirico puro}라고 부르고, 리리코 스핀토는 줄여서 그냥 소프라노 스핀토라고 자주 부릅니다. 리리코 레제로는《피가로의 결혼》의 수잔나, 리리코 스핀토는《토스카》의 토스카 같은 배역들이 대표적입니다.

하지만 이런 배역 중심의 분류가 절대적인 기준은 아닙니다. 소프라노 리리코가 소프라노 드라마티코의 배역을 부른다고 해도, 스타일은 달라지겠지만 문제가 되지는 않습니다. 그리고 한 성악가가 경력이 쌓이고 나이가 들면서 점점 목소리가 무거워져 무거운 영역까지 부르게 되는 경우도 많습니다. 몽세라 카바예, 조안 서덜랜드, 에디타 그루베로바 등은 모두 처음에는 소프라노 레제로였지만, 나이가 들면서 리리코와 스핀토를 거쳐 결국에는 소프라노 드라마티코의 배역까지 훌륭하게 소화해 낸 소프라노들입니다.

드물게 데뷔 초기부터 다섯 영역을 두루 부를 수 있는 성악가도 있었는데, 대표적인 인물이 마리아 칼라스입니다. 이렇게 모든 영역을 다 잘 소화하는 칼라스 같은 소프라노를 '절대적인 소프라노'라는 뜻의 '소프라노 아솔루타^{soprano assoluta}'라고 부르기도 합니다.

우리는 종종 ‘콜로라투라coloratura 소프라노’라는 표현을 씁니다. 그런데 위의 소프라노의 다섯 성부 구분에는 이 용어가 포함되어 있지 않지요. 일반적으로 콜로라투라 소프라노라고 할 때는 보통 다섯 성부 가운데 레제로 소프라노를 일컫는 경우가 대부분입니다.

그러나 콜로라투라라는 말은 화려하고 재빠른 기교를 뜻하고, 콜로라투라 소프라노는 이런 기교를 가진 소프라노를 의미합니다. 따라서 대체로 레제로 소프라노가 많긴 하지만, 다른 성부라고 해서 없는 것은 아닙니다. 예컨대 앞서 언급한 에바 마르톤은 드라마틱 소프라노임에도 전성기에 레제로 소프라노 수준의 콜로라투라를 구사했습니다. 마리아 칼라스도 레제로는 아니었지만, 역시 콜로라투라를 능숙하게 구사했지요. 그래서 우리가 관습적으로 콜토라투라 소프라노라는 말을 쓰기는 하지만, 그 말이 그 소프라노의 음성의 질을 정확히 규정하는 것은 아닙니다. 대신에 특정한 노래나 기교를 지칭하는 데 쓰는 것이 옳을 것입니다.

메조소프라노

"메조소프라노가 없는 오페라는 심심할 겁니다"

보통은 소프라노가 주역을 맡는다고 했습니다. 그렇다면 소프라노보다 낮은 목소리인 메조소프라노는 늘 조역만 맡는 것일까요? 이 질문에 대해 메조소프라노 가수들에게는 죄송하지만, 원칙적으로는 "그렇다"고 대답할 수밖에 없습니다. 이탈리아에서는 젊은 메조소프라노 재목材木이 나타나면 사람들이 "좋은 암네리스나 아주체나가 생겼어"라고 말합니다. 이탈리아에서 메조소프라노들이 가장 많이 부르는 배역이 베르디의 《아이다》의 암네리스나 《일 트로바토레》의 아주체나라는 뜻입니다.

《아이다》의 암네리스는 프리마 돈나인 아이다와 테너인 라다메스를 두고 경쟁적으로 사랑하는 여인으로, 아이다의 연적입니다. 이탈리아 비가극, 즉 오페라 세리아에서 메조소프라노가 가장 많이 맡는 역할은 소프라노의 라이벌입니다. 《아이다》의 암네리스를 비롯해 베르디의 《돈 카를로》의 에볼리, 벨리니의 《노르마》의 아달지사, 도니체티의 《안나 볼레나》의 조반나 등 유명한 메조소프라노 버역들이 소프라노의 라이벌입니다.

　그렇다면 메조소프라노로 태어났다면 영영 주인공은 꿈꿀 수 없는 것일까요? 그렇지 않습니다. 그녀가 주인공이 될 수 있는 길은 크게 두 가지입니다. 하나는 이탈리아 비가극이 아니라 희가극, 즉 오페라 부파의 여주인공을 맡는 길이고, 다른 하나는 프랑스 오페라를 부르는 길입니다.

　이탈리아 오페라 부파 특히 토시니의 희가극들에서는 메조소프라노가 여주인공을 부르는 경우가 대부분입니다.《세비야의 이발사》의 로지나,《라 체네렌톨라》의 안젤리나,《알제리의 이탈리아 여인》의 이사벨라,《이탈리아의 터키인》의 피오릴라 등이 메조소프라노입니다. 로시니는 특별히 메조소프라노를 좋아했던 것이죠.

　또한 프랑스 오페라에서는 비극임에서도 메조소프라노가 프리마 돈나가 되는 경우가 많습니다. 이 점은 프랑스 오페라의 특징입니다. 비제의《카르멘》이 메조소프라노를 주인공으로 하는 작품입니다. 이 작품에서는 소프라노인 미카엘라 역이 도리어 카르멘의 라이벌로 등장합니다. 그 외에도 토마의《미뇽》, 생상스의《삼손과 델릴라》, 마스네의《베르테르》등에서도 메조소프라노가 프리마 돈나를 맡습니다.

트라베스티, 바지 역할

"바지가 어울리는 여성들"

오페라에서는 여성 가수가 남장男裝을 하고 남자 역할을 부르는 경우를 볼 수 있습니다. 여자가 바지를 입었다고 해서 '바지 역할'이라 부릅니다. 이탈리아어 '트라베스티travesti'가 정식 명칭입니다. 영어로는 트라우저 롤trouser role이나 브리치 롤breeches role, 독일어로는 호젠롤레Hosenrolle라고 부릅니다.

오페라를 처음 접하는 관객들 가운데는 바지 역할을 보고 어색해하는 경우도 있습니다. 그러나 세계의 여러 극에서 성性 역할을 바꾸어 공연하는 것은 역사적인 전통입니다. 그리스 비극에서는 여성이 무대에 설 수 없었기에 여성 역할을 남성 배우가 여장을 하고 연기했습니다. 중국의 징쥐京劇나 일본의 가부키歌舞伎도 남성 배우가 여성 역할을 담당합니다. 반대로 일본의 다카라즈카宝塚 가극단은 여성이 남성 배역을 연기하죠. 이렇게 성을 바꾸는 것은 성별의 일치보다 예술성을 더 중시한 결과입니다. 이런 방식이 자리 잡았다는 것은 그것이 예술적이고 호응을 얻어 왔다는 증거이기도 하겠죠.

그런데 오페라에서는 아무 남성 역할이나 여성이 맡는 것은 아닙니다. 그 남성 배역은 소년이나 청년 같은 젊은 남성인 것이 특징입니다. 모차르트의 《피가로의 결혼》에 나오는 케루비노나 리하르트 슈트라우스의 《장미의 기사》에서의 옥타비안이 대표적인 예입니다. 둘 다 성숙한 여주인공에게 연정을 느끼는 젊은이들입니다. 이런 역할은 건장한 남성 가수보다도 여성 가수에게 어울린다고 생각했던 것이죠. 무대에서 날씬한 젊은 여가수가 연기하면 남자 가수보다도 효과적으로 보인답니다.

그 밖에 유명한 바지 역할로는 글루크의 《오르페오와 에우리디체》의 오르페오, 로시니의 《탄크레디》의 탄크레디, 벨리니의 《카풀레티가와 몬테키가》의 로메오, 베르디의 《가면무도회》의 오스카르 등이 있습니다. 이런 바지 역할은 대부분 메조소프라노가 맡았습니다. 바지 역할로 유명했던 메조소프라노로는 마릴린 혼, 프레데리카 폰 슈타데, 안네 소피 폰 오터 등이 있습니다.

그렇다면 바지 역할과 반대로, 여자 역할을 남성이 부르는 경우는 없을까요? 드물지만 없지는 않으며 치마 역할, 즉 스커트 롤skirt role이라고 부르기도 합니다. 그러나 공식 명칭은 이것도 트라베스티입니다.

어떤 경우에 남성이 여성 역할을 부를까요? 주로 마녀나 악녀 같은 배역이 대표적입니다. 대표적인 치마 역할은 퍼셀의 《디도와 에네아스》에 나오는 마법사와 훔퍼딩크의 《헨젤과 그레텔》의 마녀입니다. 다만 요즘에는 여가수들이 이런 역할을 많이 맡기도 합니다.

콘트랄토

"기억 저편으로 사라진 멋진 목소리"

이제 여성 성부의 마지막인 콘트랄토contralto를 살펴봅시다. 여성의 세 성부 가운데에서 가장 낮은 소리를 알토alto라고 부릅니다. 알토나 콘트랄토나 비슷한 개념이지만, 성부에서는 알토라고 부르고 성악가를 지칭할 때는 콘트랄토라는 말을 더 많이 씁니다.

여성의 목소리를 소프라노, 메조소프라노, 콘트랄토로 나눈다고 하지만, 실제 성악가 중에서 콘트랄토의 숫자는 상상외로 적습니다. 거의 찾기 힘듭니다. 과거 바로크 시대에는 콘트랄토가 꽤 있었지만, 현대로 오면서 콘트랄토는 활동 반경마저 줄어든 실정입니다. 그래서 콘트랄토를 위해 작곡된 배역조차도 요즘은 메조소프라노가 부르는 것이 상례가 되었습니다. 이제 콘트랄토 영역은 거의 메조소프라노에게 빼앗겼다고 해도 과언이 아닙니다. 그래서 오페라 악보에 배역이 알토라고 지정되어 있어도 무대에 서는 이들은 실제로는 콘트랄토가 아니라 메조소프라노인 경우가 대부분입니다.

그러나 오페라의 초창기인 바로크 시대에 콘트랄토의 활약은 사뭇 대단했습니다. 많은 남자 역할들이 여성 콘트랄토를 위해 작곡되었던 것입니다.

헨델의 《세르세》, 《리날도》, 《줄리오 체사레》 등의 주역이 알토 배역입니다. 그 후 로시니의 《탄크레디》와 《영국 여왕 엘리자베타》 등에 알토가 주요 배역으로 나왔습니다. 그러나 낭만주의가 발전하면서 알토는 노파, 점쟁이, 무녀 같은 조역을 맡다가, 점점 무대에서 사라져 버렸습니다.

우리가 레코드로 들어 볼 수 있는 소리 중에서 20세기를 통틀어 진짜 콘트랄토라고 할 만한 성악가로는 영국의 캐슬린 페리어와 미국의 마리안 앤더슨, 폴란드의 에바 포들레시 정도뿐이라고 할 수 있습니다. 세 사람은 모두 자신의 나라에서 국가적인 대우를 받았습니다. 특히 앤더슨은 역사상 흑인으로서 최초로 오페라 무대에 선 인물로 기록되고 있습니다. 그녀가 오페라 무대에서 불렀던 단 하나의 역할은 베르디의 《가면무도회》에 등장하는 점쟁이 울리카였습니다.

이제 콘트랄토는 역사 속으로 사라진 듯합니다. 하지만 녹음이 남아 있으니, 우리는 원하기만 하면 페리어나 앤더슨의 목소리를 들어 볼 수 있습니다.

테너

"테너도 다양한 종류가 있습니다"

이번에는 남자 가수에 대해서 알아봅시다. 여성 가수의 대표가 소프라노라면, 남자 중에는 테너가 돋보이는 존재입니다. 테너는 남성 중에서 가장 높은 성부이면서, 가장 돋보이고 인기 있는 성부입니다. 일단 테너는 소프라노의 상대역이라고 보면 됩니다. 오페라 이야기의 대부분이 사랑 이야기 즉 연애담이라고 한다면, 여주인공인 소프라노와 사랑을 하는 역할을 테너가 맡습니다. 테너란 사랑을 나누는 남자의 음성입니다.

테너는 남성의 가장 높은 성부로서, 자연스러운 목소리라기보다는 전문적인 훈련으로 터득된, 일상적으로는 내기 어려운 고음을 내는 전문가라고 할 수 있습니다. 테너도 소프라노와 비슷하게 세부 유형으로 나눕니다.

가장 가벼운 소리는 '테노레 레제로tenore leggiero(레제로 테너)'라고 합니다. 가볍고 가느다란 음성이 특징으로, 모차르트나 로시니 오페라의 남자 주역들은 대부분 이 소리가 적합한 역할들입니다. 모차르트의 《돈 조반니》의 오타비오, 《코지 판 투테》의 페란도, 로시니의 《세비야의 이발사》의 알마비바 등입니다. 그 외에 도니체티의 《람메르무어의 루치아》나 《사랑의 묘약》, 벨리니의 《몽유병의 여인》, 베르디의 《리골레토》 등의 테너도 레제로 음성이 적합합니다. 레제로를 잘 내면 무척 아름답게 들리는데, 역대로 베니아미노 질리, 티토 스키파, 페루초 탈리아비니, 루이지 알바 등이 미성으로 유명세를 치렀습니다.

다음으로는 '테노레 리리코tenore lirico(리릭 테너)'입니다. 레제로보다 무거운 소리로서 서정적이고 깊이 있는 표현이 가능합니다. 베르디의 《라 트라비아타》의 알프레도, 《가면무도회》의 리카르도 등이 대표적입니다. 호세 카레라스나 카를로 베르곤치, 주세페 디 스테파노 등이 여기에 해당합니다.

테너 중에서 가장 무거운 소리는 '테노레 드라마티코tenore dramatico(드라마틱 테너)'라고 부릅니다. 베르디의 《오텔로》의 오텔로, 《아이다》의 라다메스, 그리고 《일 트로바토레》의 만리코 등이 드라마틱 테너의 역할들입니다. 마리오 델 모나코나 프랑코 코렐리 등이 여기에 해당합니다. 특히 바그너의 오페라들은 대부분 강력한 음성을 가진 드라마틱 테너들이 주인공을 부르는데, 바그너 오페라의 드라마틱 테너들을 특히 "영웅적인 테너"라는 뜻의 '헬덴 테너Helden Tenor'라고 부릅니다. 볼프강 빈트가센이나 페터 호프만 등은 전설적인 헬덴 테너들이었습니다.

그런데 리릭 테너를 더욱 세분하면 소프라노처럼 다시 세 가지로 나눌 수 있으니, 리릭 레제로, 리릭, 그리고 리릭 스핀토 등입니다. 테노레 리리코 레제로tenore lirico leggiero(리릭 레제로 테너)는 푸치니의 《라 보엠》 중의 로돌포 같은 역인데, 루치아노 파바로티가 대표적입니다. 테노레 리리코 스핀토tenore lirico spinto(리릭 스핀토 테너 혹은 스핀토 테너)는 푸치니의 《나비부인》의 핑커톤 등으로, 리처드 터커가 대표적인 스핀토 테너였지요.

그러니 테너는 결국 다섯 분류로 나눌 수 있게 되는 셈입니다. 이것은 소프라노의 분류와 같다는 것을 알 수 있습니다. 그리고 소프라노와 테너가 커플을 이루어 사랑을 노래할 때에 음성의 특질이 거의 비슷하게 만나는 경우가 많습니다. 작곡가도 그렇게 작곡했지만, 그렇게 쌍을 이루어 노래하는 것이 음악적으로 더 어울리는 경우가 많습니다.

그리고 여기서 기억해야 할 것은 이런 테너의 다섯 가지 분류가 절대적이거나 확정적인 것이 아니란 점입니다. 다만 우리가 구별하고 설명하기 쉽게 붙이는 이름일 뿐입니다. 그리고 한 명의 테너가 동시에 두어 개의 성부를 노래할 수도 있고, 평생에 여러 성부를 이행移行하면서 노래하는 테너도 있습니다. 루치아노 파바로티는 앞에서 레제로 스핀토라고 했지만, 그는 데뷔 이후에 점점 무거운 역에도 도전하여 드라마틱 테너가 부르는 무거운 역인 《일 트로바토레》와 《오텔로》도 불러 냈습니다. 또한 플라시도 도밍고는 리리코에서 리리코 스핀토에 이르는 소리가 그의 본령이었지만, 높은 인기 때문에 리리코 레제로에서 드라마틱 테너까지 테너의 거의 모든 역할을 다 맡았습니다.

바리톤

"베르디가 살려 낸 아버지의 목소리"

우리나라 사람들은 바리톤을 특히 좋아합니다. 많은 분들이 바리톤의 중후하고 육중한 음성에 매료됩니다. 하지만 오페라에서 바리톤은 그리 좋은 역할을 맡는 성부는 아닙니다. 바리톤의 배역은 로맨틱하지도 않고 정의롭지도 못한 인물들이 대부분입니다. 바리톤은 일단 사랑하는 성부가 아닌 것이죠. 앙브로즈 토마(1811~1895)의 《햄릿》에서 사랑을 하는 주인공이 바리톤이라는 사실은 예외적인 경우입니다.

원래 바리톤은 테너와 소프라노가 사랑을 하는 가운데에 끼어들어서, 테너의 연적이 되는 경우가 많았습니다. 즉 테너와 함께 그도 같은 여성을 사랑하지만, 그 여성은 테너를 선택하여 바리톤은 사랑의 실패자가 되지요. 그러므로 그들은 테너나 소프라노에게 복수를 하는 악역이 되는 경우가 많습니다. 베르디의 《일 트로바토레》의 루나, 《가면무도회》의 레나토, 벨리니의 《청교도》의 아르투로, 움베르토 조르다노(1867~1948)의 《안드레아 셰니에》에 나오는 제라르 등입니다.

바리톤이 테너의 연적이 아닐 경우 그들은 종종 테너의

친구이거나 측근입니다. 베르디의 《운명의 힘》의 카를로나 《돈 카를로》의 로드리고 등이 그들입니다.

　　원래 바리톤은 오페라에서 크게 각광을 받는 배역은 아니었습니다. 오페라 초기에 남성 성부는 대표적으로 테너와 베이스의 두 가지로 나뉘어 있었고, 베이스의 비중이 높았습니다. 그러다가 19세기에 들어와서 바리톤이 중시되었습니다.

　　바리톤이 오페라 무대의 전면에 등장한 것은 베르디의 공로였습니다. 베르디는 바리톤을 무척 좋아했는데, 바리톤이라는 멋진 음성을 극 중의 아버지를 표현하는 데 사용했습니다. 바리톤의 부드럽고 듬직한 음성으로 아버지의 말씀을 노래하게 한 것이죠. 그렇게 아버지가 돋보이는 베르디의 작품이 《라 트라비아타》,《포스카리가의 두 사람》,《시칠리아 섬의 저녁기도》,《아이다》입니다.

　　그런 베르디의 바리톤은 테너 뒤에서 조용히 아버지를 부르는 것을 뛰어넘어, 점점 오페라의 전면에 등장했습니다. 심지어 오페라 제목조차 아버지의 이름을 붙인 것이 등장하게 되었으니, 이렇게 바리톤이 아예 타이틀 롤이 된 경우가 《리골레토》,《나부코》,《맥베스》,《루이자 밀러》,《시몬 보카네그라》 등입니다.

베이스

"멋지고 당당한 오페라의 기둥"

남성의 가장 낮은 성부는 베이스bass입니다. 여성의 낮은 성부인 알토가 거의 사라진 것에 비해, 베이스는 여전히 오페라의 중요한 배역으로 남아 있습니다.

베이스가 많이 맡는 역할은 왕, 성직자, 노인, 현자 같은 배역입니다. 드물게는 베이스가 주역을 맡기도 합니다. 로시니의 《모세》, 베르디의 《아틸라》, 보이토의 《메피스토펠레》, 마스네의 《돈 키호테》, 모데스트 무소륵스키(1839~1881)의 《보리스 고두노프》 등은 베이스가 주역을 부르는 귀한 명작들이며, 제목도 베이스의 배역을 붙인 타이틀 롤들입니다.

그리고 베이스는 이런 비극 외에 희가극에서도 주요 배역으로 활용되고 있다는 점은 앞의 희가극 편에서 이미 얘기했습니다. 로시니의 《세비야의 이발사》의 바르톨로와 바질리오, 《라 체네렌톨라》의 돈 마니피코, 《알제리의 이탈리아 여인》의 무스타파, 《이탈리아의 터키인》의 셀림, 도니체티의 《돈 파스콸레》의 돈 파스콸레, 《사랑의 묘약》의 둘카마라 등이 오페라 부파의 베이스 배역들입니다. 이들은 비가극과는 달리 빠르고 절묘한 기교를 구사하여, 마치 콜로라투라 소프라노의 남성판이라고 부를 만합니다. 이렇게 오페라 부파에서 희극 베이스 역할을 전문적으로 부르는 가수를 '바소 부포basso buffo'라고 부릅니다.

이런 바소 부포와 구별하여 비가극의 베이스 배역을 잘 부르는 가수들은 '바소 프로푼도profundo'라고 부르기도 합니다. 이들은 빠른 기교보다는 느리게 움직이는 프레이징을 무게감 있게 부르는 것이 중요합니다. 벨리니의 《몽유병의 여인》의 로돌포, 《노르마》의 오로베소, 도니체티의 《람메르무어의 루치아》의 라이몬도, 베르디의 《아이다》의 람피스, 《돈 카를로》의 필리포와 종교 재판장 등이 바소 프로푼도의 배역들입니다.

세계적으로 뛰어난 베이스들로는 체사레 시에피, 니콜라이 기아우로프, 새뮤얼 래미 등을 기억할 수 있습니다. 그런데 우리나라 성악가들 가운데에도 뛰어난 베이스들이 많습니다. 강병운, 연광철, 사무엘 윤, 전승현 등이 세계적인 베이스들입니다.

제가 바이로이트 페스티벌에 갔을 때, 한 일본 오페라 팬이 저에게 "일본에는 베이스가 귀한데, 한국에는 좋은 베이스가 많아서 좋겠다"며, 우리나라 베이스들의 이름을 줄줄이 꿰면서 부러워했습니다. 사실 유럽에는 "세계의 오페라극장에 소프라노는 발칸반도가, 테너는 라틴 아메리카가, 그리고 베이스는 한국이 공급한다"는 말이 있을 정도입니다.

카스트라토

"지상에서 가장 슬픈 목소리"

여자의 목소리는 소프라노, 메조소프라노, 알토로 나누고 남자의 경우는 테너, 바리톤, 베이스로 나눈다고 했습니다. 그렇다면 문제를 하나 내 볼까요? 여자의 가장 낮은 소리 알토와 남자의 가장 높은 소리 테너 가운데 어느 쪽의 음성이 더 높을까요?

알토가 더 높습니다. 많은 분들이 '그래도 남자의 가장 높은 소리라면 여자의 낮은 소리보다는 높지 않을까?'라고 생각하지만, 그렇지 않습니다. 일반적으로(예외는 있습니다) 여성의 목소리는 남성보다 항상 높습니다.

그러니 즉 남녀를 불문하고 '인간의 목소리'를 높은 순서대로 여섯 가지로 나눈다면, 순서는 소프라노, 메조소프라노, 알토, 테너, 바리톤, 베이스가 됩니다. 부부가 함께 행사에 참석해서 애국가 제창 같은 것을 해 본 적이 있나요? 남녀가 함께 애국가나 교가 같은 노래를 제창할 때, 같은 악보를 사용해도 남자는 여자보다 한 옥타브 정도 낮게 부르는 경우가 대부분입니다. 그래서 노래방 기계에도 '남녀를 구분하는 버튼'이

"

있는 것입니다.

그렇다면 남자는 영원히 여자보다 낮은 소리만을 내야 할까요? 여기서 "꼭 그렇지만은 않다"는 예외를 살펴보려고 합니다. 남자임에도 불구하고 여성의 성부에 해당하는 높은 음성을 내는 사람들이 있었는데, 역사적으로 그들을 '카스트라토castrato'라고 불렀습니다.

유럽 가톨릭에서는 여성들이 교회나 수도원에서 성가를 부르는 것을 금지한 적이 있습니다. 신성한 미사는 남성들만 참석하는 것이었습니다. 그런데 그러면 성가를 부르는 합창단을 조직할 때 고음부가 문제가 되었습니다. 남자뿐이니 알토 이상의 높은 소리는 낼 수 없었던 것이죠. 그래서는 합창이 될 수가 없습니다. 그 해결책으로 저음부는 남성이 부르고 고음부는 소년들을 이용했습니다. 변성기 이전 소년의 음성은 소프라노같이 아주 높게 올라가기 때문입니다. 이처럼 소년들을 이용해 소프라노, 메조소프라노, 알토의 3성부를 유지했습니다.

그중에는 특히 뛰어난 소프라노 음성을 지닌 소년들이 있었습니다. 그들을 '보이 소프라노boy soprano'라고 부르죠. 그래서 유럽에는 유명한 소년 합창단들이 있습니다. 우리도 잘 아는 빈 소년 합창단, 라이프치히 성 토마스 합창단, 파리 나무 십자가 합창단 등이 모두 수백 년의 역사를 자랑합니다. 독일

레겐스부르크 대성당의 소년 합창단은 '돔스파트첸Domspatzen', 즉 '대성당의 참새들'이라는 별명으로 불리는데, 천 년이 넘는 역사를 가지고 있습니다.

그런데 문제는 소년 합창단이 노래를 부를 수 있는 기간이 너무 짧다는 것이었습니다. 어려서부터 음악을 가르치고 발성을 훈련해 이제 좀 쓸 만하면 어느 날 변성기를 맞이해 버리는 것입니다. 교회나 합창단 측으로서도 난감할 수밖에 없었습니다.

이런 여러 이유로 교회나 합창단 등에서 미성의 보이 소프라노를 거세去勢하는 일이 생겨났습니다. 즉 2차 성징이 나타나는 것을 미리 막아서, 아름다운 고음이 계속되기를 바랐던 것입니다. 그들을 거세castration라는 말에서 유래한 '거세한 남자 가수'라는 뜻의 '카스트라토castrato'라고 부르게 되었습니다.

지금 상상하면 끔찍한 일로 느껴지지만, 그렇게 비참한 것만은 아니었나 봅니다. 카스트라토가 생겨나던 무렵에 오페라가 탄생한 것입니다. 그래서 초기 오페라에는 고음 배역에 카스트라토를 많이 기용했습니다. 바로크 오페라의 많은 주역이 당시 유행하던 카스트라토를 위하여 작곡했고, 카스트라토들은 스타가 되었습니다.

영화 「파리넬리」로도 알려진 파리넬리 같은 오페라 스타들이 그때 탄생했습니다. 그들은 뛰어난 예술가일 뿐만 아니라, 명예와 부귀를 거머쥔 인기인들이었습니다. 그래서 가난한 부모들이 아들을 거세시켜서 극장으로 데려오곤 했다는 이야기도 전해집니다.

과거의 명카스트라토로는 파리넬리를 비롯해 카파넬리, 니콜리니, 세네시노, 카에타노 과다니 등이 있습니다. 한 단어 이름들은 예명藝名입니다. 성인 남자의 넓고 튼튼한 흉곽으로 나오는 음성은 여성 소프라노와는 다른 독특한 힘과 애수가 서린 묘미가 있었다고 합니다. 독소리 뒤에 숨은 슬픈 사연과 함께 말이죠. 최후의 카스트라토라고 불리는 알레산드로 모레스키(1858~1922)의 음성은 음반으로도 남아 있어, 오늘날에도 카스트라토의 음성을 들어 볼 수 있습니다.

카운터테너

"또 하나의 남자 목소리, 카스트라토의 그림자"

물론 현대에는 카스트라토가 존재하지 않습니다. 뿐만 아니라 카스트라토란 용어도 사용하지 않습니다. 카스트라토는 시대의 산물이었던 것입니다. 그러나 현대에도 남성 고음이 있습니다. 현대에도 카스트라토처럼 여성과 같은 고음을 낼 수 있는 남성 가수들이 있는데, 이들을 카운터테너counter-tenor라고 부릅니다.

요즘에는 거세하지 않아도 훈련에 의해서도 남성이 테너 이상의 고음을 낼 수 있다고 보고 있으며, 그렇게 훈련된 카운터테너들이 많이 활약하고 있습니다. 물론 카운터테너와 카스트라토의 음색이 같지는 않습니다. 카스트라토는 그들만의 독특한 음색이 있었습니다.

현재 세계적으로 많은 카운터테너가 활동하고 있습니다. 그들은 과거 작곡가들이 카스트라토를 위해 썼던 많은 오페라 배역과 여성 소프라노나 메조소프라노가 부르던 배역까지 훌륭하게 소화해 냅니다. 그래서 카스트라토가 사라진 이후에 여성 메조소프라노나 알토가 불렀던 '바지 역할'들을 다시 남성이 되찾게 된 셈입니다.

카운터테너로는 원조 격인 알프레드 델러를 필두로 현재 세계적으로 요헨 코발스키, 르네 야콥스, 안드레아스 숄, 데이비드 다니엘스, 브라이언 아사와, 필리프 자루스키 등이 활약하고 있습니다.

카운터테너가 부르는 역할들은 카스트라토의 전성시대였던 바로크 시대의 오페라가 중심입니다. 최근 세계적으로 바로크 음악 열풍이 일었는데, 그것이 카운터테너가 많이 등장한 계기가 되었으며, 반대로 카운터테너들의 활동 증가가 바로크 음악의 부흥에 일조했다고 볼 수 있습니다.

오페라를 만드는 사람들

오페라를 만드는 사람들

지휘자

"오페라를 책임지는 사람"

오페라를 이끌어 가는 사람은 지휘자conductor입니다. 유럽의 극장에서는 오페라 지휘자를 가리켜 음악 감독music director이라고 부르는 경우가 더 많습니다. 지휘자는 성악가와 합창단 그리고 오케스트라를 모두 관장합니다. 연습도 그의 책임이고 결과도 그렇습니다.

오페라 지휘란 콘서트와는 다릅니다. 오케스트라만이 아니라 다른 파트나 여러 부서의 협력이 필요하고 극장 측과 의논해야 하는 일도 많습니다. 따라서 지휘자의 책임이지만, 지휘자가 모든 것을 마음대로 할 수 있는 것은 아닙니다. 곡목의 선정에서부터 주역 가수의 선정까지를 극장 측과 밀접한 관계를 맺고 협의해서 결정하게 됩니다. 명지휘자 클라우디오 아바도의 말처럼 지휘자는 코디네이터에 가까운 존재여야 합니다.

하지만 물론 오페라의 음악적 측면에 관한 모든 것은 그의 몫이며, 결국 오페라 공연의 성공 여부도 궁극적으로는 그의 책임입니다. 결코 쉽지 않은 자리입니다.

연출가

오페라를 보면 먼저 우리 눈에 들어오는 이름은 성악가입니다. 사실은 가수라고 부르는 것이 더 좋은 번역입니다. 무대 위에는 가수가 중심이 되고, 합창단, 발레단, 보조 연기자 정도만 보이죠. 그러나 오페라를 이끌어 가는 것은 지휘자와 연출가라는 사실을 우리는 알고 있습니다. 프로그램에는 지휘자와 연출가의 이름이 함께 표기됩니다. 지휘자만 나오는 오케스트라 콘서트와는 다른 점이죠. 콘서트에서 모든 것을 관장하고 책임지는 사람은 당연히 지휘자입니다.

문제는 오페라입니다. 많은 이들이 궁금해하는 것 중의 하나가 지휘자와 연출가의 역할 구분입니다. 둘이 어떻게 다른지 궁금해하는 분이 많습니다. 영어를 보아도 헷갈립니다. 지휘자는 컨덕터conductor이고 연출가는 디렉터director입니다. 그런데 정작 영상이나 음반은 유럽에서 만들어진 것이 많으니, 독일어 표기가 더 흔합니다. 독일어로는 지휘자가 디리겐트Dirigent라서, 이 단어는 디렉터를 연상시키기도 합니다. 게다가 지휘자에게 컨덕터라는 말은 거의 쓰지 않고, 보통 음악 감독

music director이라고 표기하며 연출가는 예술 감독artistic director이나 무대 감독stage director이라고도 표기하니, 더욱 헷갈릴 수밖에 없습니다.

오페라의 지휘자는 오케스트라와 가수 그리고 합창단을 모두 지휘하는 사람입니다. 여기서 '지휘'라는 말은 음악을 지휘한다는 뜻입니다. 반면 연출가는 연극에서 말하는 연출가와 같아서, 무대 위의 연기와 무대 미술 등을 '감독'합니다.

명료하게 구별해서 오페라에서 음악적인 부분은 모두 지휘자의 몫이고, 음악 이외의 모든 부분은 연출가의 몫이라고 할 수 있습니다. 영어로 음악 감독이라는 말은 모든 '음악'의 감독이고, 예술 감독이라는 말의 '아트art'는 예술이라기보다는 '미술'이라고 생각하시면 이해가 스월할 것입니다. 즉 극장에서 우리가 귀로 듣는 모든 것은 음악 감독인 지휘자의 영역이고, 무대에서 우리 눈에 보이는 모든 것은 예술 감독이나 무대 감독인 연출가의 영역입니다. 청각적 영역과 시각적 영역으로 구분하면 됩니다.

리허설을 할 때는 악보에 있는 것들은 지휘자가 지시하고, 악보에 없는 것들, 즉 동작이나 연기 또는 표정은 연출가가 지시합니다(악보에 연출이 지시된 경우도 있기는 합니다). 즉 무대 미술, 의상, 소품, 조명, 엑스트라의 참여, 심지어 강아지의 등장, 불꽃놀이나 서커스나 마술 등도 모두 연출가의 몫입니다. 오페라에는 무용이 포함되는 경우도 많은데, 안무가가 안무를 하겠지만, 안무가도 궁극적으로는 연출가와 협의가 되어야 하고 연출가의 아이디어 범위 내에서 안무가 만들어집니다. 이제 지휘자와 연출가의 구분이 보다 명확해졌을 것입니다.

지휘자 대 연출가

이 대목에서 자주 듣는 질문이 있습니다. "그러면 둘 중에 누가 더 높은가요?"라는 물음입니다. 이는 고속 성장으로 내달려 온 우리나라 사람들의 권력 지향적 사고를 보여 주는 질문입니다. 누가 짱이냐? 즉 누가 대장인가를 알아야 머릿속이 정리되는 것이죠.

결론적으로 지휘자가 위라고 보는 것이 옳습니다. 오페라는 결국 악보로 이루어진 음악이니, 결국 모든 권한과 책임은 지휘자에게 있으며, 그 외의 다른 요소들이 있더라도 음악 공연의 일부로 귀속되기 때문입니다.

그런데 현실은 꼭 그렇지만은 않습니다. 공연 현장에서 누가 더 위인가 하는 문제는 아마도 공연계에서의 위상으로 결정될 것입니다. 즉 지휘자가 아무리 위라고 하지만, 프랑코 체피렐리 같은 세계적인 연출가가 소도시의 작은 극장에 와서 연출한다면, 지방의 젊은 지휘자가 그 앞에서 반대의 뜻을 펴기 어려울 것입니다. 이럴 경우 강연히 연출가가 주도권을 쥐고 공연이 진행됩니다. 반대로 클라우디오 아바도 같은 대지휘자가 우리나라에서 오페라를 공연한다고 치면, 우리나라의 연출가가 대가의 생각에 반대하기 어려울 것입니다. 실제로 이런 사례는 적지 않습니다. 이렇게 한쪽의 위상이 확연하게 높은 경우에는 주도권이 그쪽으로 쏠릴 수밖에 없습니다. 그리고 극장장의 입김도 큽니다. 이런 것이 현실이죠.

그러나 원칙적으로는 지휘자에게 우선권이 있습니다. 하지만 진정 좋은 지휘자라면 함께 일하는 상대방이 아무리 어리거나 무명이라고 해도 그의 의견을 존중해야 할 것입니다.

음악 코치

오페라에는 반드시 존재하는 직책이 음악 코치입니다. 우리는 음악 코치라는 포괄적인 이름으로 부르지만, 영어는 성악 코치vocal coach 또는 오페라 코치opera coach라고 하여 훨씬 구체적입니다.

음악 코치는 공연을 앞두고 연습 과정에서 성악가들에게 작품 해석과 발성 등을 가르칩니다. 야구를 보면 감독만 있는 것이 아니라, 그 밑에 투수 코치, 타격 코치, 주루 코치 등이 있지요. 오페라도 마찬가지입니다. 지휘자는 전체를 책임지지만, 출연진 모두에게 일일이 성악적인 세부 사항까지 일러 주기는 어렵습니다. 그런 지휘자를 돕기 위해서 있는 선생이 음악 코치입니다.

음악 코치는 성악가와 일다 일로 만나 가수에게 악보를 펼쳐 놓고 일일이 알려 주고 서로 의견도 나눕니다. 음악 코치는 피아노로 오케스트라 파트를 치면서(오케스트라 파트를 피아노로 편곡해 놓은 악보가 있습니다) 알려 줍니다. 그래서 음악 코치는 대부분 피아니스트 출신입니다. 이는 피아노 전공자가 진출할 수 있는 중요한 분야인데, 우리나라에서는 아직 잘 알려져 있지 않지요. 유럽의 음악학교에는 음악 코치를 배출하기 위한 학과나 코스도 마련되어 있습니다.

음악 코치가 주로 지도하는 부분은 가사 붙이는 방법, 발음, 억양 등입니다. 이를 통틀어 딕션diction이라고 부르죠. 보통 여러 나라 출신의 성악가들이 또 다른 언어로 노래하기 때문에 이 부분이 중요합니다. 자연스러운 발음을 해야 하고, 그러면서 발성이 객석으로 잘 전달되도록 도와주어야 합니다.

드물게 무대에 오르는 레퍼토리, 즉 이탈리아어나 독일어 같은 흔한 오페라가 아닌, 특히 러시아 오페라나 체코 오페라 등을 하려면 그 나라의 언어와 발음에 정통한 코치가 필요합니다. 이를 특별히 딕션 코치diction coach나 랭귀지 코치language coach라고 부릅니다. 뉴욕의 메트로폴리탄 극장, 뮌헨의 바이에른 국립 오페라극장, 빈 국립 오페라극장 등 세계적인 극장에는 언어별로 딕션 코치들이 포진해 있습니다.

프롬프터

"무대 밑에 숨은 공로자"

오페라 공연에 가면 무대의 바닥을 유심히 보시기 바랍니다. 무대 앞쪽에 가운데가 약간 위로 튀어 올라와서 무대를 가리는 부분이 있습니다(물론 없는 경우도 있습니다). 보통 네모진 검은 구조물로, 작은 것은 책상 크기, 큰 것은 소파 크기입니다.

이것은 '프롬프터 박스'로, 안에 '프롬프터prompter'라고 부르는 사람이 들어 있습니다. 그 상자는 가수들을 향한 무대 쪽으로는 뚫려 있어서 공연 때 프롬프터와 출연자가 서로 얼굴을 볼 수 있습니다.

대통령 같은 사람이 연설할 때 연설대 양쪽에 원고를 띄워 주는 장치가 있습니다. 또 대중음악 가수가 공연할 때 무대 앞에 모니터를 만들어 가사를 띄워 줍니다. 이런 시설도 프롬프터라고 부릅니다. 오페라에서는 전통적으로 상자 안으로 사람이 직접 들어가서 지시를 합니다.

원래 프롬프터가 했던 일은 가사를 읽어 주는 것이었습니다. 사실 오페라는 길고 가수들은 여러 작품을 소화해야 하니 가수들이 가사를 잊는 경우가 종종 있었습니다. 그래서 프롬프터가 가사를 읽어 주는 것입니다. 객석의 맨 앞 열에서는 프롬프터의 목소리가 들리기도 하고, 심지어 실황 녹음에도 섞여 들리기도 합니다. 이런 말을 하면 황당해하는 분들도 있겠지요. 이런 이유로 프롬프터의 존재는 예로부터 오페라 비판자들에게 공격의 대상이 되기도 했습니다. 그러나 이 문제로 오페라를 폄훼할 것만은 아닌 것이, 프롬프터는 원래 연극에서 나온 것입니다. 연극에서도 과거부터 대사를 읽어 주는 사람이 있었으며, 그것이 오페라에 도입된 것입니다.

프롬프터가 각 소절의 첫 부분을 읽어 주면, 성악가는 이후의 가사를 떠올려 수월하게 노래하는 것이죠. 그리고 프롬프터는 가수에게 동선을 일러 주고, 연기를 지적해 주고, 다음 동작을 알려 줍니다.

하지만 요즘처럼 연출의 비중이 높아진 시대에는 프롬프터를 달가워하지 않는 연출가가 많아졌습니다. 그래서 오늘날에는 세계적으로 프롬프터를 쓰지 않는 경우가 늘고 있습니다.

테너 루치아노 파바로티는 자주 프롬프터를 필요로 했으며, 출연 계약 때 프롬프터를 조건으로 내걸기도 했습니다. 이렇듯 오페라에서 프롬프터란 중요하지만, 또한 없으면 더 좋을 미묘한 위치에 있는 존재입니다.

오페라 공연이 끝나고 커튼콜을 받을 때, 어떤 가수는 프롬프터 박스 속으로 손을 내밀어 악수로 노고를 치하하거나, 자신이 받은 꽃다발에서 꽃 한 송이를 꺼내 프롬프터에게 건네기도 합니다.

무대 미술가

오페라는 듣기도 하고 보기도 하는 장르지만, 앞서 설명했듯이 '본다'고 표현하는 것이 자연스러울 것입니다. 그런 점에서 오페라의 시각적 영역은 무척 중요합니다.

자타 공히 음악을 가장 사랑한 사람의 한 명이며, 평생을 음악에 헌신했던 카라얀조차 "사람들은 오페라를 눈을 감고 듣는 것처럼 이야기한다. 하지만 우리는 눈을 뜨고 감상하지 않는가?"라고 말했습니다. 이것은 오페라에서 시각적 요소의 중요성을 강조한 것인데, 50여 년 전에 한 말입니다. 하지만 21세기에 들어서야 비로소 카라얀이 강조했던 '오페라에서의 보는 것'이 제대로 이루어져 가고 있는 것 같습니다. 이제 세계 오페라계는 연출을 매우 중요시하고 있습니다.

그런 점에서 무대 미술의 중요성은 더욱 강조되고 있습니다. 시각적인 면에서 연출가가 가장 큰일을 하지만, 아름답고 창의적인 무대를 만들어 내는 사람은 무대 미술가 또는 무대 디자이너stage designer입니다.

　　무대 미술가들은 보통 미술을 전공한 사람들로, 그들은 오페라하우스의 무대를 자신의 캔버스로 삼아서 거대한 작품을 만들어 냅니다. 20세기를 대표하는 피카소, 마티스, 샤갈, 달리 같은 화가들도 멋진 오페라 무대를 만들었습니다. 화가 데이비드 호크니가 《마술피리》와 《티레시아스의 유방》 등의 무대를 남겼으며, 시드니 놀런의 《삼손과 델릴라》, 카렐 아펠의 《마술피리》 무대는 미술적으로 큰 성공을 거두었습니다. 그러니 오페라에서 무대 미술을 감상하는 것도 즐거운 일입니다.

의상 디자이너와 의상실

"어쩌면 무대 미술보다 중요한 미술"

무대 미술이라 하면 주로 무대 세트를 가리킵니다. 그러나 시각적 요소에서 중요한 것은 의상입니다. 만일 무대 세트는 잘 꾸며져 있는데, 의상이 제대로 되어 있지 않다면 관객이 극에 몰입할 수 있을까요? 저는 불가능하다고 생각합니다. 반대로 무대 위에 세트가 없다고 하더라도, 가수들이 의상만 제대로 갖추어 연기한다면 관객은 드라마 속으로 빠져들 수 있습니다.

즉 의상은 공연에서 결정적인 요소입니다. 오늘날 오페라 공연에서는 의상이 점점 더 중요시되고 있습니다. 현재 세계적으로 무대 디자인의 주요 흐름의 하나는 무대 세트는 간결하게 처리하고, 대신 의상은 세심하게 만드는 것입니다. 이렇게 하면 관객들의 시선이 주인공에게 집중되어, 몰입이 더 쉬워집니다. 동시에 세트에 들어갈 비용을 절감하는 효과도 있습니다. 그래서 요즘 세계적으로 무대 세트를 단순화하는 경향이 뚜렷해졌고, 심지어 아예 콘서트 형식으로 하기도 합니다.

지금 세계 오페라 무대에는 뛰어난 의상 디자이너들이 많이 활동하고 있습니다. 그들이 창조해 내는 의상들은 섬세하고 아름다워서 하나의 장르를 형성하고 있습니다. 유럽의 주요 극장에서는 과거 무대 의상을 로비에 전시하는 경우가 많은데, 가까이서 보면 디테일과 아름다움에 혀를 내두르게 됩니다. 아쉽게도 국내 오페라 공연에서는 뒤처진 영역 가운데 하나입니다. 가수들이 노래를 아무리 잘 불러도 의상이 학예회 수준이라면 몰입하기 어렵습니다.

의상 디자이너는 디자인, 재단, 재봉 등 의상 제작에 대한 노하우를 갖추는 동시에, 역사와 시대를 재현하기 위해 풍속가나 복식사 등도 연구해야 합니다.

유명 오페라 연출가들은 호흡이 맞는 일류 의상 디자이너들과 함께 작업해 왔습니다. 연출가 프랑코 체피렐리는 의상 디자이너 안나 아니와 콤비를 이루어 오랫동안 함께 작업했습니다. 또한 프랑스의 패션 디자이너 크리스티앙 라크루아나 일본의 하나에 모리도 오페라에 자주 참여하여 멋진 의상을 선보였습니다.

오페라극장이라면 적어도 내부에 의상실을 갖추고 있어야 합니다. 유럽의 명문 극장들은 거대한 의상실과 많은 재봉사를 두고 자체적으로 의상을 제작합니다.

멋진 건축으로 유명한 오슬로 오페라하우스는 의상실을 자랑으로 내세웁니다. 극장 전면에 거대한 의상실이 있는데, 넓은 유리창을 통해서 시민들이 안을 들여다보게 해놓았습니다. 많은 마네킹과 재봉틀 그리고 재봉사들이 수백 개의 무대 의상을 만드는 장면은 다가올 공연을 시민에게 알리는 가장 멋진 광고입니다.

분장사

오페라 공연에서 또 하나의 중요한 영역이 분장입니다. 오페라에서 분장은 관객이 극 속으로 몰입하는 데 중요한 구실을 합니다.

분장사는 분장을 위한 기술뿐만 아니라, 작품이 어느 시대, 어떤 지역을 배경으로 하는지, 그리고 그 문화적 환경까지 알아야 제대로 분장을 할 수 있습니다.

카미유 생상스(1835~1921)의 《삼손과 델릴라》를 공연한다면, 3,000여 년 전 팔레스타인의 가자 지방 사람들이 어떤 모습이었는지, 어떤 머리 모양과 화장을 하고 있었는지 알아야 합니다. 델릴라 역의 여주인공은 펠리시테인인데, 그 인종이 아시아계인지 아프리카계인지, 인도유럽계인지도 알아야 합니다. 베르디의 《아이다》라면 악보에 '파라오의 시대'로 표기되어 있으니, 이집트 고대사도 연구해야 할 것입니다.

또한 베르디의 《시몬 보카네그라》처럼 프롤로그와 1막 사이에 25년의 차이가 있는 작품에서는 모든 출연진의 외모를 막간에 25년 후의 모습으로 바꿔야 합니다. 또한 베를리오

즈의 《트로이인》이나 세르게이 프로코피예프(1891~1953)의 《전쟁과 평화》는 출연자만 100명이 넘을 수 있습니다. 그러므로 많은 분장사가 참여해서 공연 내내 무대로 나가고 들어오는 출연자를 점검하고, 땀으로 흐트러진 분장을 계속 보완해야 합니다. 이렇듯 쉴 틈 없이 애쓰는 숨은 공로자가 분장사들입니다.

끝으로 분장에 관한 흥미로운 일화를 소개하겠습니다. 분장사가 아무리 많아도 출연자가 더 많은 법입니다. 이럴 경우 주역부터 분장하는 것이 원칙입니다. 그러면 마지막 엑스트라까지 다 하려면 상당한 시간이 걸립니다. 먼저 분장을 끝낸 주인공은 크고 멋진 가발 때문에 어디 편하게 누워 쉴 수도 없습니다. 그래서 분장을 한 다음에는 가만히 앉아 있거나 무대 뒤를 어슬렁거리는 수밖에 없습니다.

루치아노 파바로티는 평생 주역만 맡았으니 늘 분장을 제일 먼저 마쳤습니다. 그래서 그는 의상과 가발을 갖춘 채로 무대 뒤를 왔다 갔다 했습니다. 어느 날 무대 뒤에서 구부러진 못을 주웠는데, 그날 소리도 잘 나오고 공연이 성공적이었습니다. 그 후로 그는 분장을 마치면 무대 뒤에서 구부러진 못을 찾곤 했습니다. 그러다가 못을 찾지 못하면 점점 불안해졌습니다. 서곡은 흐르고 막이 오를 시간이 다가오는데 못이 보이지 않으면 그는 초조해졌습니다. 그럴 때면 파바로티 부인이 준비해 온 구부러진 못을 몰래 바닥에 던져 놓았습니다. 이윽고 못을 발견한 파바로티는 어린애처럼 얼굴이 밝아지면서 보무도 당당히 무대로 나갔다고 합니다.

언어 문제

언어가 걱정인가요?

오페라를 처음 접하는 이들이 어려워하는 점 가운데 하나가 "말을 알아들을 수 없다"는 것입니다. 언어가 장애라는 것이죠. 이어서 하는 질문은 "오페라를 즐기려면 이탈리아어를 공부해야 하나요?"라는 것입니다. 저의 대답은 "굳이 배워야 하는 것은 아닙니다"입니다. 결론은 "오페라의 언어를 안다면 좋겠지만, 몰라도 오페라를 충분히 즐길 수 있다"는 것입니다.

세계 대도시의 극장들을 가득 메우는 관객들이 모두 오페라의 언어를 이해하는 것은 아닙니다. 이탈리아의 극장에서 오페라를 한다고 해서 모두 이탈리아 오페라만도 아니고 독일 오페라도 있습니다. 독일 극장에서도 러시아 오페라를 공연하죠. 물론 언어 능력이 뛰어난 몇몇도 있겠지만, 극장에 온 사람들 대다수가 여러 나라 오페라 가사를 다 알아듣는다고 볼 수 없습니다.

그리고 무엇보다도 이탈리아 극장에서 이탈리아 오페라를 공연해도 관객 모두가 오페라의 가사를 완전히 알아듣는 것은 쉽지 않습니다. 즉 그들은 가사를 듣기 위해서 극장에

오는 것은 아니고, 가사를 들으면서 극을 이해하는 것도 아닙니다. 오페라에서는 가사를 전달하는 것이 첫째 덕목이 아닙니다.

판소리 《춘향가》를 들어 본 적이 있으실 겁니다. 모든 가사를 다 알아들으셨을까요? 진한 전라도 사투리를 다 이해한 분이 많지 않을 것입니다. 그럼에도 우리가 《춘향가》를 즐기는 이유는 『춘향전』의 내용을 알기 때문입니다. 그래서 가사를 다 알아듣지 못해도 감상하는 것이죠. 우리는 가사를 알아듣지 못해도 명창의 노래를 듣고 그의 표정과 동작 그리고 고수의 연주와 추임새까지 함께 보고 들으며 가사 해득의 불완전함을 보완하는 것입니다.

오페라도 마찬가지입니다. 모든 관객이 가사 전체를 다 알아듣지 않습니다. 하지만 다들 오페라를 듣고 즐깁니다. 오페라는 언어극이 아니라 음악극입니다. 상황이나 감정은 도리어 음악에서 더 잘 드러납니다. 가수의 노래만이 아니라 오케스트라나 합창도 있습니다. 게다가 오페라는 음악 이외에 연기, 연출, 무대 미술 등도 이해를 돕습니다.

따라서 오페라를 보러 가기 전에 줄거리를 미리 알아 두는 것이 필수입니다. 관련 책도 많고 인터넷에서도 쉽게 정보를 찾을 수 있습니다. 그렇게 예습을 하고 간다면, 가사를 다

몰라도 충분히 오페라를 즐길 수 있습니다. 오페라에서 가장 강력한 전달 수단은 음악이기 때문입니다.

오페라 《라 트라비아타》의 원작은 뒤마 피스의 소설이고, 대본은 프란체스코 마리아 피아베가 썼으며, 작곡은 주세페 베르디가 했습니다. 그러나 언제 어디서나 "베르디의 《라 트라비아타》"라고만 부르는 이유를 생각해 봅시다.

오페라를 부르는 언어

"오페라의 말은 그들도 다 알아듣지 못합니다"

세계 극장에서 가장 많이 공연되는 오페라는 단연 이탈리아어 작품입니다. 다음으로 독일어, 프랑스어, 러시아어 오페라가 많고, 이어서 영국과 미국에서 작곡된 영어 오페라가 뒤를 잇습니다. 체코어, 스페인어, 폴란드어 등으로 된 오페라도 가끔 만납니다. 유럽의 오페라극장에서는 이처럼 여러 언어의 작품이 번갈아 오릅니다.

그러므로 한 언어, 즉 이탈리아어나 독일어를 익혔다고 해서 한 극장의 모든 오페라를 알아들을 수 있는 것도 아닙니다. 이는 언어에 의존해서 오페라를 감상하는 것이 결코 일반적인 형태가 아님을 보여 줍니다.

주목할 만한 사례가 있습니다. 러시아의 작곡가 이고르 스트라빈스키(1882~1971)는 《오이디푸스 왕》(애당초 오라토리오였지만, 요즘에는 오페라로 많이 공연됩니다)을 작곡할 때, 일부러 대사를 라틴어로 붙였습니다. 오이디푸스 왕의 이야기는 유럽인이라면 알고 있는 내용이라, 관객이 가사에 집착하지 않고 음악만 들을 수 있도록 하기 위해서였습니다.

라틴어는 유럽에서도 알아듣는 사람이 별로 없습니다. 라틴어는 학문적인 용도 외에는 거의 사멸한 언어입니다. 즉 스트라빈스키는 일부러 관객이 가사를 알아듣지 못하게 하여, 음악에만 귀를 기울이도록 했던 것입니다. 아는 내용이니 음악만으로 충분하다고 판단했던 것이죠.

원어로 공연하는 오페라

"원어로 부르게 된 것은 얼마 되지 않았습니다"

1960년대까지만 해도 각 나라 극장에서 오페라를 자국어로 번역해서 부르는 것이 당연한 일이었습니다. 과거 TV에서 외화를 더빙해 방송했던 것처럼 말입니다. 그러므로 관객이 외국어를 알아야 한다는 생각은커녕 그런 개념도 없었습니다. 저도 어린 시절 TV에서 《라 트라비아타》를 우리말로 공연하는 것을 들었던 기억이 있습니다.

오페라를 원어로 부르는 것이 보편화된 것은 대략 1960년대 이후부터라고 할 수 있습니다. 이전까지 각 도시의 극장에는 그 도시의 스타들이 있었습니다. 그들은 그 도시의 시민을 위해서 오페라를 원어보다는 자국어로 불렀습니다. 그런데 교통이 발달하면서 작은 도시에서 명성을 얻은 가수가 빈이나 파리 같은 대도시로 진출하기 시작했습니다. 그렇게 가수들이 극장과 극장 사이를 이동하면서, 현지 언어로 부르기가 쉽지 않아졌습니다. 즉 여러 나라 가수들이 모이게 되니, 모두가 아는 원어로 부르기 시작한 것입니다. 또 다른 계기는 지휘자의 의도입니다. 예를 들어 카라얀은 여러 도시의 주요 극장에 영향력을 갖고 있었습니다. 그는 도시 간의 가수 교류를 추진했습니다. 빈에서 《아이다》를 올릴 때면 밀라노의 스타들을 데려와 이탈리아 원어로 노래하게 하고, 밀라노에서 《탄호이저》를 공연할 때면 빈의 가수들을 데려와 독일어 원어 공연을 보여 주었습니다. 그렇게 해서 청중은 점점 원어로 부를 때의 맛을 알게 되었습니다.

오늘날 뉴욕에서는 관객이 알아듣지 못해도 차이콥스키의 오페라는 러시아어로, 베를린에서는 베르디의 오페라를 이탈리아어로, 오슬로에서도 프랑스 오페라는 프랑스어로 부릅니다. 그러나 어느 극장 측에서도 관객이 오페라의 언어를 이해할 것이라고는 기대하지 않습니다. 오페라는 보다 강력한 음악을 전달 수단으로 씁니다.

대본집

이렇게 세계의 극장들이 오페라를 원어로 공연하게 되면서, 관객들에게 제공하는 두 가지의 서비스가 생겼습니다. 하나는 원어와 번역이 함께 실린 오페라 대본집이고, 다른 하나는 자막입니다.

대본집은 자막보다도 중요한데, 단순히 오페라를 이해하게 해 주는 기능만 하는 것이 아닙니다. 공연은 아무리 좋았다고 해도 끝나면 눈에서 사라집니다. 멋진 가사도 기억에 남지 않습니다. 하지만 대사는 오페라의 중요한 내용이며, 대본가들이 심혈을 기울여 완성해 낸 것입니다. 한번 듣고 잊어버리기에는 아까운 것이죠.

대본집은 가사를 기록해 놓은 것입니다. 기록은 사라지지 않습니다. 우리가 아는 위대한 오페라들의 대본은 수준이 상당히 높습니다. 대본을 쓴 사람들은 그 시대를 대표하는 최고 수준의 시인들이었습니다. 그러니 대본은 공연 당시의 이해를 도울 뿐만 아니라, 두고두고 읽으면서 작가의 의도를 이해할 수 있는 텍스트입니다. 오페라 공연 전과 막간에 대본집을 읽는 행위는 사실 오페라 감상에서 필수적입니다.

우리나라도 공연에서 배포하는 프로그램 북에 원어와 한글 대본이 함께 실려 있습니다. 만일 그렇지 않다면 친절한 공연이라고 하기 어렵습니다. 국내 공연 프로그램의 좋은 점은 번역 수준은 차치하고라도 한글 대본이 있다는 점입니다. 이 대본집이나 대본이 들어간 프로그램을 극장에서 판매하기도 하는데, 작은 비용을 아끼시면 안 됩니다. 반면 유럽의 많은 극장에서는 무료로 배포하기도 합니다. 대본집은 작은 책이라는 뜻의 리브레토라고도 부른다는 점은 앞에서 이미 언급했지요.

더불어 제대로 출판된 대본집이 거의 없는 우리나라에도 원어와 한글을 병기한 좋은 대본집이 많이 나와야 할 것입니다. 그것이 관객을 만드는 가장 중요한 일입니다. 리브레토를 한 손에 들고 다니는 것은 오페라 관객의 상징입니다.

자막

―

"친절한 보조자, 그러나 너무 의존하면 독"

무대 위의 자막字幕이든 영화나 영상물 속의 자막이든 우리는 똑같이 '자막'이라고 부릅니다. 그런데 영어에서는 구분을 합니다. 영상물의 하단에 나오는 것은 '서브타이틀subtitle'이라고 하고, 극장에서 큰 스크린에 비춰 주는 것은 '슈퍼타이틀supertitle'이라 부릅니다. 여기서 말하려는 자막은 극장의 슈퍼타이틀입니다.

앞에서 대본집이 중요하다고 했지만, 정작 공연에서 관객들은 자막, 즉 슈퍼타이틀에 더 의존합니다. 오페라 공연에 가면 우리나라는 한글로, 외국의 극장은 자국어로 자막을 제공합니다. 간혹 자국어 외에 영어까지 병기해 주는 곳도 있지만 아주 드뭅니다.

그런데 자막에는 몇 가지 문제가 있습니다. 가장 큰 문제는 자막이 보통 무대 위에 있다는 점입니다. 오페라 무대는 상당히 큰데, 가로도 길지만 높이도 상당합니다. 그런데 대부분의 자막 스크린을 무대 위에 붙이는 바람에 좌석에서 자막을 쳐다보면 동시에 무대를 볼 수가 없습니다(옆에다 설치하면 좀 낫기는 합니다). 그래서 자막을 놓치지 않으려고 열심히 자막을 보는 사람은 사실 무대는 거의 보지 못하는 경우가 많습니다. 과거에는 좌석 앞에 개인용 스크린을 설치한 적도 있었지만, 부작용이 더 많아서 지금은 거의 사라졌습니다.

이러한 사례는 무대의 자막 스크린에 의존하는 것이 좋지 않다는 점을 보여 줍니다. 자막에만 의존해서 오페라를 보면, 무대의 디테일을 놓치거나 음악에 집중하지 못합니다. 중간중간 잠깐의 도움은 되지만, 우리는 무엇보다 무대를 봐야 하고 음악을 들어야 합니다. 그러기 위해서는 공연 전에 전반적인 내용을 자세하게 숙지해 놓는 것이 중요합니다.

오페라 감상의 실제

오페라 감상의 수단들

"이제는 다양해진 오페라 감상의 방법들"

이제 드디어 오페라 감상에 대해 이야기하겠습니다. 오페라를 보려면 원칙적으로는 극장에 가야 합니다. 극장에서 제대로 된 오페라를 만나면, 그 감동은 평생을 갑니다. 그리고 그런 깊은 감동은 솔직히 극장에서만 가능할 수 있습니다. 하지만 극장이 어디에나 있는 것도 아니고, 가까이 있다 해도 현실적으로 쉽게 갈 수 있는 일은 아닙니다.

그런데 다행히 요즘은 집에서 영상으로도 오페라를 볼 수 있으니, 참으로 편리합니다. 물론 영상이 실제 공연이 아니니 한계가 있지만, 편리하다는 측면에서는 장점이 있습니다.

그래서 일단 영상으로 오페라를 감상하는 방법에서부터 시작하여, 실제로 극장을 찾아가 감상하는 것까지 차례대로 찬찬히 살펴보겠습니다.

영상으로 오페라 보기

여기서 영상映像이란 이른바 DVD, 블루레이, 그리고 유튜브, 인터넷 동영상을 모두 통틀어 일컫는 말입니다.

요즘은 영상의 화질이 많이 발전하여 영상으로도 몰입하기 어렵지 않고 음질도 좋습니다. 대신에 영상으로 꾸준히 오페라를 감상하려는 분이라면, 단순히 컴퓨터로만 보지 말고 조금이라도 괜찮은 오디오 기기의 도움을 받을 것을 권합니다. 음질이 좋아야 감동도 더해지는 것이지요. 오페라의 감동은 결국 음악에서 비롯됩니다.

집에서 영상을 통해 오페라를 감상할 때 유념해야 할 점은, 단지 줄거리만 따라가서는 안 된다는 것입니다. 오페라는 역사나 문학 등 배경이 재미있는 것들이 많고 스토리 또한 흥미진진하죠. 하지만 그렇다고 하더라도 가장 중요한 것은 음악입니다.

오페라가 지금의 명성을 유지하고 있는 것은 단연 음악 덕분입니다. 다른 요소들도 중요하지만, 그 모든 것이 음악을 만들기 위한 불쏘시개였다고 봐야 합니다. 그러니 영상에서 음악을 들으셔야 합니다. 그리고 정말 주의 깊게 들어야 합니다.

그리고 반복해서 들어야 합니다. 오페라는 결코 한 번 들어서 알 수 있는 분야가 아닙니다. 스토리를 알았다고 오페라를 이해하는 것도 아닙니다. 음악이 어느 정도 익숙해질 때까지 반복해서 들어야 합니다. 수백 명의 연주자가 만들어 내는 복잡한 음악을 한 번 듣고 이해할 수는 없습니다. 설혹 한 번에 좋아졌다고 해도 반복해서 듣다 보면, 처음에는 들리지 않던 소리가 들리고, 들을수록 새로운 깊이를 체험하고 더 큰 감동을 느끼게 됩니다. 지금 우리가 듣는 오페라 레퍼토리는 수백 년 동안 검증을 거쳐 살아남은 명작 중의 명작들이잖아요.

영상으로 감상할 때 조심해야 할 태도는 무작정 스위치를 켜고 달려드는 방식입니다. 미리 작품의 내용을 예습하는 것이 좋습니다. 그렇게 하고서 영상을 보기 시작해야 놓칠 수 있는 것들을 건지게 됩니다.

영상의 선택

"전설적인 공연도 얼마든지 볼 수 있습니다"

어떤 영상을 선택하는가도 중요합니다. 처음 선택한 영상이 그 오페라 작품에 대한 인상을 두고두고 좌우할 수 있기 때문입니다. 첫인상이 좋지 않았다면 명작 오페라임에도 일생 동안 가까이하지 않을 수도 있습니다.

요즘 볼 수 있는 영상은 대부분 실제 극장 공연을 찍은 실황들입니다. 그러나 과거에는 스튜디오에서 따로 제작한 영상이나 오페라 영화들도 많았습니다. 그런 영상들이 극장의 실황보다 못할 것 같지만, 그렇지 않습니다. 그것들은 공을 들여 찍었고, 최상의 음원으로 더빙한 것들입니다. 당대의 명지휘자들이 참여했고 훌륭한 연출가들이 동원되었습니다. 그리고 지금은 만날 수 없는 전설적인 가수들의 모습도 볼 수 있습니다.

다음으로는 요즘 많이 볼 수 있는 극장 실황을 녹화한 영상들입니다. 잘 선택하기 위해서는 각 영상의 정보를 알아야 하는데, 인터넷에서 리뷰를 찾아보는 방법도 있습니다. 그러나 완전히 신뢰하기는 어렵습니다. 그럼 대략적인 선택의 요령만 말씀드리겠습니다.

첫째로 명문 극장의 실황을 선택하는 것이 좋습니다. 일류 극장은 확실히 전반적으로 공연의 수준이 높습니다. 둘째로 지휘자나 연출가를 봐야겠지요. 셋째로 가수의 이름도 도움이 됩니다. 하지만 유명하지 않은 가수 중에도 뛰어난 능력을 보이는 사람들이 있다는 사실을 잊지 말아야 할 것입니다. 몰랐던 가수를 알아가는 재미도 있습니다. 넷째로 한글 자막의 여부도 확인하시기 바랍니다.

이렇게 영상으로 보면, 그 작품에 대해 어느 정도 이해가 됩니다. 재미있기도 합니다. 그러면 다음 작품으로 넘어가는 방법도 있지만, 좀 더 깊이 알기 위해서 같은 오페라의 다른 영상을 더 찾아보는 방법도 있다는 것을 염두에 두시기 바랍니다. 지휘자나 연출가나 가수를 바꾸어 가면서 말이죠. 그러면 그 작품에 대한 시각이 달라지고, 앞서 놓쳤던 것을 새롭게 발견하게 됩니다.

극장에 가서 감상하기

"어려운 오페라란 없고 모르는 오페라만 있습니다"

실제로 오페라극장에 갈 일이 생겼다면, 일단 축하의 말씀을 드리고 싶습니다. 오페라에 가는 것은 아무 때고 기회가 오는 것은 아니기 때문입니다. 일생에 몇 번 되지 않는 기회가 될 수도 있고 일생의 전환점이 될 수도 있습니다. 오페라의 본고장인 유럽에서도 오페라 공연에 가는 것은 비일상적인 행위이며, 그날은 당사자에게 특별한 의미를 지니는 날입니다.

또한 오페라는 내가 마음대로 프로그램을 고를 수 있는 장르가 아닙니다. 물론 클래식 음악도 그렇지만, 콘서트에서 좋아하는 곡을 만나는 것보다는 내가 원하는 오페라를 직접 만날 기회는 더욱 적습니다. 우리나라는 특히 오페라 레퍼토리가 한정되어 있어서, 열심히 극장에 다녀도 자신이 좋아하는 작품을 만나기는 쉽지 않습니다. 그러니 본인이 잘 모르는 작품의 공연에 가게 될 확률이 더 높을 것입니다.

그러므로 사전에 준비와 예습을 얼마나 하는가에 따라서 공연의 성패가 좌우됩니다. 간혹 공연의 수준이 떨어지는 경우도 있겠지만, 공연이 재미가 없었다면 먼저 본인의 준비가 부족하지 않았는지를 돌아볼 필요가 있습니다. 그러니 일단은 사전 공부를 충분히 하는 것이 좋습니다. 설령 공연과 직접 연결되지 않는다고 하더라도, 오페라 작품에 관련된 배경이나 문학 등을 공부해 놓는다면 평생 자신의 지식이 됩니다.

제가 아는 분이 스페인의 마드리드로 출장을 갈 일이 있었습니다. 출장 기간의 공연을 검색해 봤더니, 마드리드 레알 극장에서 하는 오페라가 모차르트의 《미트리다테》밖에 없다면서 "전혀 모르는 작품인데요"라고 푸념을 하셨습니다. 그래서 제가 "그래도 최선을 다해서 공부해서 가세요"라고 말씀드렸습니다. 그랬더니 정말 내용은 물론이고 영상으로 음반으로 음악을 외우다시피 듣고 가셨더군요.

그분이 귀국해서 다시 만났을 때, 정말 좋았다고 하셨습니다. "그렇게 잘하는 극장인 줄 몰랐어요. 이전에는 《미트리다테》라는 오페라가 있는 줄도 몰랐고 그렇게 좋은 작품인지도 몰랐어요. 잊을 수 없는 경험이었습니다." 네, 극장도 훌륭한 곳이고 《미트리다테》도 좋은 극입니다.

그러나 더욱 중요한 것은 그분이 공부를 많이 하고 갔다는 점입니다. 오페라야말로 미리 준비한 만큼 보이고 들은 만큼 들리는 법입니다. 공연의 성공 비결은 명곡, 명극장, 명가수에도 있겠지만, 관객 자신이 스스로 얼마나 준비했는가에 더 많이 달려 있습니다.

이제부터 그분은 어떻게 사실까요? 빤히 보이지 않습니까? 출장을 갈 때마다 극장을 검색할 것이고, 몇 달 전부터 그 음악을 듣고 오페라의 배경을 공부할 것입니다. 그렇게 한 사람의 오페라 팬이 탄생하는 것입니다. 하나도 어렵지 않습니다. "세상에 어려운 오페라는 없습니다. 내가 그 오페라를 잘 모를 뿐입니다."

공연이 끝나서 돌아갈 때, 어떤 분은 실컷 졸다가 돌아가고, 어떤 분은 연주가 형편없었다고 투덜거리지만, 또 어떤 분은 자신만 아는 감동으로 뛰는 마음을 추스르며 돌아갑니다. 다들 같은 무대를 즐겼지만, 결과는 이렇게 다릅니다.

연주가만 레퍼토리가 있는 것이 아닙니다. 관객도 자신만의 레퍼토리를 만들어 갑니다. 공부하고 들으면서 자신의 레퍼토리를 하나씩 쌓아 가면 이것 또한 삶을 살찌우는 즐거운 취미가 됩니다. 실제 무대에 오르는 작품의 수가 그리 많은 것도 아니랍니다. 레퍼토리를 정복하는 일은 생각보다 어렵지 않을 수 있습니다.

일부러 시간과 돈을 들여 유럽에 오페라를 보러 가는 것보다 더 좋은 방법은 출장 등 다른 일정에 맞추어 오페라를 보는 것입니다.

일단 여행 일정이 잡히면, 그 도시의 극장과 오페라를 검색하고 티켓을 예매합니다. 그 작품이 무엇이든 간에, 설혹 《미트리다테》처럼 전혀 모르는 작품일지라도 말이죠. 물론 사전에 공부를 충분히 해야 합니다. 그렇지 않으면 잠만 자다가 나올 것이 자명합니다. 혹시 단체 여행이라면, 사정이 있다고 양해를 구하고 하루 저녁만 살짝 빠져나오세요. 그러면 당신만을 위한 진짜 공연이 펼쳐지고 평생 잊을 수 없는 경험을 하게 될 것입니다. 출장 여행에서 공연을 보는 것은 세계의 많은 오페라 팬이 실천하는 방법입니다.

시즌과 페스티벌

"진짜 공연 기간은 페스티벌이 아니라 시즌입니다"

음악 팬을 만나면 종종 유럽의 페스티벌에 가고 싶다는 소망을 피력하십니다. 음악 축제 가운데 특히 유명한 잘츠부르크 페스티벌은 종합 예술제이지만, 오페라가 큰 비중을 차지합니다. 바이로이트 페스티벌이나 베로나 페스티벌 역시 오페라 페스티벌입니다. 그런데 이들은 하나같이 한여름에 열리는 여름 페스티벌입니다.

그런데 사실 오페라의 시즌은 겨울입니다. 이는 오페라뿐만 아니라 클래식 콘서트도 마찬가지입니다. 즉 가을에 시작해 겨울에 절정을 이루고 봄이 지나 여름이 다가오면 시즌을 마감합니다. 날짜는 극장에 따라 이르고 늦는 차이는 있지만, 가을에서 봄까지 이어지고 겨울이 피크인 것은 공통입니다. 따라서 진짜 공연을 보고 공연 문화를 느끼기 위해서는 겨울에 가야 할 것입니다.

반면 페스티벌은 그런 정규 시즌이 아닌 여름휴가 기간에 열립니다. 유럽 사람들은 보통 한 달 이상 여름휴가를 보내는데, 이곳저곳을 돌아다니기보다는 서늘한 한 장소에 머물면서 일상에서 벗어나 휴식하는 것을 휴가라고 생각합니다. 그래서 페스티벌이란 휴가철에 휴가지에서 열리는 '비시즌의 짧은 축제'인 셈입니다. 우리에게는 페스티벌이 잘 알려져서 종종 페스티벌을 더 중요시하고 심지어는 공연이란 여름에 하는 것인 줄로 아는 분도 꽤 있습니다(여기에는 일찍이 음악축제를 소개했던 저의 책임도 있다고 봅니다). 그러나 엄밀히 말해 메인 공연은 겨울의 시즌 공연입니다.

유명한 여름 페스티벌이 벌어지는 곳들은 대부분 시골입니다. 시골 중에도 휴양지 같은 지역입니다. 잘츠부르크, 바이로이트, 베로나, 루체른, 바덴바덴 베르비에, 페사로, 토레 델라고 등이 그러합니다. 그런 작은 도시를 찾는 사람들은 그곳 주민이 아니라 외지에서 휴가를 온 관광객들입니다. 반면 시즌 공연으로 유명한 베를린, 빈, 밀라노, 런던, 파리, 뮌헨 같은 도시들은 도시에 거주하는 시민들이 관객입니다. 따라서 공연 문화도 내용도 서로 다를 수밖에 없습니다. 시즌에는 도시의 공연 문화를 접할 수 있습니다.

요즘에는 페스티벌의 수준이 높아져, 시즌의 수준을 능가하는 경우도 있습니다. 페스티벌은 짧은 기간에 좋은 연주자들을 모아 집중적으로 공연하는 장점이 있기 때문입니다. 아무튼 시즌이 원래 일상의 공연이고 페스티벌은 휴가 중의 공연이라는 것을 알아 두어야 합니다.

시즌 얘기를 하다 보니 「맨해튼 머더 미스터리」라는 영화가 기억납니다. 뉴욕에 사는 장년 부부가 주인공입니다. 남편은 아이스하키 팬입니다. 그는 아이스하키가 열리는 겨울이면 뉴욕 레인저스의 시합을 보러 다니는 것이 취미입니다. 반면 아내는 오페라광입니다. 그녀는 메트로폴리탄 극장의 후원회원으로 오페라 공연에 열정적으로 참여합니다. 그런데 아이스하키와 오페라는 시즌이 같습니다. 그래서 부부는 취미를 함께하지 못합니다. 남자는 아이스하키에 여자는 오페라에 가니, 시간이 겹치는 것이죠. 오페라 시즌이 겨울이라는 사실을 이보다 명확하게 각인시켜 주는 영화도 없을 겁니다.

제가 전하려는 요지는 여기까지로 충분합니다. 하지만 영화의 다음 이야기가 오페라의 특징을 보여 주는 것이라서 좀 더 덧붙여 보겠습니다. 그렇게 각자의 취미 생활을 열심히 하다 보니 부부 사이에 갈등이 생깁니다. 그래서 두 사람은 각자의 취미를 조금씩 양보하고 상대방 취미에 동참해 보기로 합의합니다. 그래서 아내는 오페라를 한 번 포기하고 대신에 남편을 따라서 메디슨 스퀘어 가든에 갑니다. 그녀는 아이스하키를 모르지만, 남편을 위해 목이 쉬도록 응원합니다. 그리고 다음 주말에는 남편이 아내를 따라 메트로폴리탄 극장에

갑니다. 아내는 남편이 오페라를 좋아하게 만들려고 최선을 다합니다. 그러나 하필 곡목이 바그너의 오페라였다는 사실을 아내는 간과했습니다. 남편은 지루한 바그너 공연 내내 잠만 자고, 아내는 남편에게 다시는 오페라에 가자고 하지 않습니다. 초심자에게 바그너는 너무 지루합니다. 처음 오페라에 가는 사람은 참고해야 할 것입니다.

극장에 가기 전에

"성공적인 오페라를 위한 관객의 준비"

국내든 외국이든 오페라를 보러 가기 전에 준비해야 할 몇 가지가 있습니다.

첫째, 언제 무슨 오페라를 공연한다고 예정이 되면, 관객 역시 그 작품을 준비해야 합니다. 먼저 내용을 알아야겠지요. 관련 책도 많고 인터넷으로도 얼마든지 자세한 해설을 찾을 수 있지요.

둘째, 가장 좋은 준비는 대본을 읽어 보는 것입니다. 아무리 해설서를 많이 찾아 읽는다고 해도 결국은 대본의 요약에 지나지 않습니다. 해설에는 항상 빠뜨린 것이 있습니다. 오페라는 몇 곡만 발췌해서 공연하는 것이 아니라, 처음부터 끝까지 전곡을 다 연주합니다. 따라서 가수들이 노래하는 모든 대목을 이해해야 드라마의 흐름을 제대로 파악할 수 있습니다. 오페라 대본은 책으로도 출판되어 있고, 인터넷에서도 찾아볼 수 있습니다.

셋째, 음악을 반복해서 들어야 합니다. 말러의 교향곡 7번은 대중적인 곡이 아닙니다. 이 곡을 한 번 듣고 좋다고 말하는 분은 거의 없습니다. 하지만 이 곡을 유독 좋아하는 마니아들도 많습니다. 반복해서 들어서 팬이 되는 것입니다. 오페라도 마찬가지입니다. 오페라는 교향곡보다 길고 복잡하니 한 번 들어서는 모든 부분이 좋아지기 어렵습니다. 여러 번 반복해서 듣는 것이 정복의 지름길입니다.

넷째, 앞의 세 가지를 준비하는 것만으로도 충분합니다. 하지만 여기에 더해서 하나 더 권하고 싶은 것은 다양한 연주 즉 다양한 음반이나 영상을 접하는 것입니다. 가수들의 개성도 다르고 지휘자의 해석도 다릅니다. 한 영상만 보신 분은 자신이 본 연출이 전부라고 생각하는 경우가 많은데, 실제 공연 때마다 연출은 바뀝니다. 특히 유럽에서 오페라를 본다면 파격적인 연출을 만날 확률이 높으니, 여러 연출을 미리 경험해 두는 것이 좋습니다.

레코드로 듣는 오페라 감상

"최고의 취미, 최상의 도락"

요즘은 CD로 오페라를 감상하는 분들이 점점 줄어드는 추세지만, 이전에는 많은 오페라 팬이 영상도 없이 레코드로만 오페라를 들었습니다. 지금 오페라극장에서 만날 수 있는 거의 모든 오페라 레퍼토리가 1950년대에서 1970년대에 이르는 기간에 녹음되었기 때문입니다. 당시에는 LP로 발매되었고 지금은 CD로 나와 있습니다. 하지만 요즘은 사람들이 음반을 잘 찾지 않습니다. 당시의 오페라 전곡 녹음들은 이제 역사적인 기록으로 남았다고 할 수 있습니다.

과거에는 그런 오페라 전곡 음반을 갖는 것이 음악 팬들의 꿈이었습니다. 저도 전곡 음반 하나를 구했을 때의 감격은 실로 컸습니다. 턴테이블 앞에 앉아서 음반을 하나씩 뒤집어가면서 음반 위에 놓고 바늘을 올리고, 함께 들어 있는 대본을 따라가며 오페라를 듣곤 했지요.

음원뿐이니 무대는 볼 수가 없었지만, 가 보지 않은 유럽의 극장을 상상하며 머릿속에다 무대를 짓고 거기에 연인들을 배치하곤 했습니다. 그런 기억은 그 작품을 깊이 각인시켜 줍

니다. 영상이 없으니 상상은 나래를 폈고, 음악은 한 음 한 음
이 더욱 세심하게 들렸습니다.

요즘은 이런 방식으로 감상하는 이가 드문데, 정말 안타
까운 일입니다. 과거의 전설적인 성악가들과 지휘자들의 연주
는 모두 영상이 아니라 음반 속에 있습니다. 마리아 칼라스, 레
나타 테발디, 레온타인 프라이스, 비르기트 닐손, 프랑코 코렐
리, 주세페 디 스테파노, 페루초 탈리아비니, 볼프강 빈트가센,
티토 곱비, 에토레 바스티아니니 같은 이들의 전설적인 공연
은 CD로만 들을 수 있습니다. 화면은 없지만 손에 땀이 쥐어집
니다. 그것들은 그 후 반세기 이상 오페라계에서 교과서의 역
할을 해 왔습니다.

레코드로 오페라를 감상하는 일은 당장은 힘들더라도 언
젠가는 한번 시도해 보시기를 권합니다. 감히 최고의 취미이
자 최상의 도락이라고 생각합니다.

마치면서

지금까지 이 책에는 오페라 세계의 문을 여는 데 필요한 가장 기본적인 이야기만 담았습니다. 이 너머의 세계는, 이제부터 오페라를 보면서 천천히 발견해 가도 됩니다. 이 정도면 스스로 오페라의 감상을 시작하기에는 충분합니다.

끝으로 책에서 미처 하지 못한 한 가지를 말씀드리려 합니다. 왜 세계의 오페라 애호가들이 여전히 오페라를 볼까요? 왜 오페라를 보며 울고 웃고 한숨지으면서도 끝내 그 무대에 열광하는 것일까요? 그리고 우리는 왜 그 예술을 여전히 필요로 할까요?

우리는 단 한 번뿐인 짧은 인생을 삽니다. 세상에는 수없이 많은 삶과 헤아릴 수 없는 이야기들이 있지만, 우리가 평생 몸으로 겪을 수 있는 이야기는 기껏 한두 가지뿐입니다.

우리가 가지 못했던 인생을 오페라로 느껴 보는 것입니다. 오페라는 우리가 눌러 두었던 감정을 표면으로 끌어올려 그 감정이 닿을 수 있는 끝까지 데려갑니다. 그 과정에서 우리는 평소에는 의식적으로 회피해 왔던 감정을 위험 감수가 불가피한 지점까지 이끌어가며, 더 이상 물러설 수 없는 곳까지 밀어붙입니다.

오페라는 우리가 현실에서 피하고 있는, 그래서 애써 외면하려고 하는 진실을 어디까지 감당할 수 있는지 보여 주는 도구입니다. 당신은 얼마나 강합니까? 당신은 두려움과 불안을 어디까지 견뎌 낼 수 있습니까?

우리는 평소 주변에서 벌어지는 일들을 마치 남의 이야기처럼 바라봅니다. 그러나 조금만 생각해 보면 그것은 모두 나의 일이기도 하고, 언제든 내 삶에 닿을 수 있는 일들입니다. 오페라는 그런 삶 한가운데로 당신을 예고 없이 던져 넣습니다.

그리고 음악은 멈추지 않습니다. 같은 이야기라도 문학보다 오페라가 더 강렬한 이유가 여기에 있습니다. 책은 덮을 수 있고 눈을 감으면 잠시 피할 수 있습니다. 그러나 오페라의 음악은 멈출 수 없습니다. 눈을 감아도 들려오고, 귀에서도 뇌에서도 쉽게 걸러지지 않습니다. 그래서 이미 책으로 알고 있던 이야기일지라도 오페라로 만나면 그것은 머리가 아니라 심장에 먼저 꽂힙니다.

오페라는 위대한 허구가 아닙니다. 우리가 외면해 온 진실을 비추는 오래된 거울입니다. 오페라를 통해 우리는 자신을 되돌아보고, 나아가 이웃을 바라보게 됩니다. 그 과정에서 편견을 넘어, 결국 그들에게 손을 내밀게 됩니다.

이제 오페라의 세계로 들어가 봅시다. 즐겁고 지적이면서도 가슴을 깊이 울리는 시간이 당신을 기다리고 있습니다. 그 안에서 당신은 깊이 묻어 두었던 꿈을 다시 꺼내고, 말랐던 눈물과 진짜 웃음을 되찾으며, 오래 잊고 지냈던 심장의 떨림을 만나게 될 것입니다. 그리고 마침내, 세상을 향해 두 팔을 벌리게 될 것입니다.

부록

입문자를 위한
오페라 약사略史

처음 오페라에 입문하려는 분들에게 좋은 작품을 추천하려고 보니, 그에 앞서 오페라 역사의 흐름을 아는 것이 유용할 것 같습니다.

그래서 아주 간략하게, 오페라의 약사略史를 정리해 보았습니다. 오페라 작품들을 위주로 살펴보겠습니다.

오페라는 1600년을 조금 앞둔 르네상스 말기에 탄생했습니다. 최초의 오페라는 전해지지 않지만, 뒤이어 나온 몬테베르디의 세 편 《오르페오》, 《율리시스의 귀환》과 《포페아의 대관》은 지금도 공연됩니다.

바로크 시대(대략 1600~1750)에 오페라는 크게 융성합니다. 화려한 장식음이 만들어지고, 레치타티보와 아리아가 구분되며, 오페라 세리아와 오페라 부파가 확립됩니다. 바로크 시대의 거장은 헨델로서, 《줄리오 체사레》, 《세르세》, 《리날도》 등 많은 작품을 남겼습니다. 영국의 퍼셀도 중요한데, 《디도와 에네아스》는 탁월한 명작입니다.

고전주의 시대(대략 1750~1800)가 되자 음악이 단순하고 조화롭게 변모했습니다. 글루크는 음악과 문학의 균형을 강조하며 《오르페오와 에우리디체》를 썼습니다. 모차르트는 고전주의 최고의 오페라 작곡가입니다. 《피가로의 결혼》, 《돈 조반니》, 《코지 판 투테》는 그의 3대 오페라 부파이며, 징슈필 《마술피리》를 비롯하여, 오페라 세리아 《미트리다테》, 《이도메네오》, 《티토의 자비》 등을 남겼습니다. 이어 베토벤은 단 한 편의 징슈필 《피델리오》를 썼고, 베버도 징슈필 《마탄의 사수》를 남겼습니다.

낭만주의 시대(대략 1800~1900)에는 관현악이 화려해지고 성악은 극적이고 표현이 깊어집니다. 이탈리아 오페라의 전성기로서, 로시니, 벨리니, 도니체티의 3대 거장이 등장합니다. 로시니는 《세비야의 이발사》, 《라 체네렌톨라(신데렐라)》 등의 오페라 부파와 《굴리엘모 텔(윌리엄 텔)》, 《모세》, 《세미라미데》 등의 오페라 세리아 두 부분에서 모두 성공했습니다. 벨리니는 짧은 생애에 열 곡의 비가극만 남겼는데, 《노르마》, 《청교도》, 《몽유병의 여인》, 《카풀레티가와 몬테키가》는 명작입니다. 동시대에 활약한 도니체티는 70여 편의 많은 오페라를 썼는데, 《람메르무어의 루치아》, 《안나 볼레나》, 《마리아 스투아르다》, 《로베르토 데브뢰》 등의 비가극과 《사랑의 묘약》, 《돈 파스콸레》, 《연대의 아가씨》 등의 희가극에서 모두 높은 인기를 누렸습니다. 다음 베르디가 등장하여 26편의 오페라를 남겨, 지금 세계에서 가장 많이 공연되는 오페라 작곡가가 되었습니다.《라 트라비아타》,《리골레토》,《일 트로바토레》,《나부코》,《맥베스》,《가면무도회》,《시몬 보카네그라》,《돈 카를로》,《아이다》,《오텔로》,《팔스타프》 등의 명작을 남겼습니다.

베르디와 나이가 같은 바그너는 독일 오페라를 일으켜서 악극Musikdrama을 창시합니다. 4부작《니벨룽의 반지》를 필두로《트리스탄과 이졸데》,《뉘른베르크의 마이스터징어》,《파르지팔》,《로엔그린》,《탄호이저》 등을 남겼습니다. 리하르트 슈트라우스는 독일 오페라의 정점을 이루며 낭만주의의 마지막을 밝혔습니다.《살로메》,《엘렉트라》,《장미의 기사》,《낙소스 섬의 아리아드네》,《그림자 없는 여인》,《아라벨라》 등이 대표적인 오페라입니다. 한편 요한 슈트라우스 2세는 빈 오페레타《박쥐》를 남겼습니다.

반면 이탈리아의 푸치니는 베르디뿐 아니라 바그너의 영향도 받아서, 두 거장의 장점을 합쳐 자신의 세계를 형성했습니다.《마농 레스코》,《라 보엠》,《나비부인》,《토스카》,《투란도트》,《일 트리티코》는 세계 어디에서나 공연됩니다. 그 외 폰키엘리의《라 조콘다》, 마스카니의《카발레리아 루스티카나》, 레온카발로의《팔리아치》, 칠레아의《아드리아나 르쿠브

뢰르》, 조르다노의 《안드레아 셰니에》 등은 이탈리아 낭만주의 시대 마지막을 장식하는 근대 오페라들입니다.

프랑스는 륄리와 라모의 바로크 시대를 거쳐서, 마이어베어와 오베르의 그랜드 오페라 시대에 이릅니다. 이후 낭만주의 시대에는 베를리오즈의 《트로이인》, 토마의 《미뇽》, 《햄릿》, 구노의 《파우스트》, 《로미오와 줄리엣》, 오펜바흐의 《호프만의 이야기》, 생상스의 《삼손과 델릴라》, 비제의 《카르멘》, 마스네의 《마농》, 《베르테르》 등이 등장합니다.

이어 오페라는 국민주의와 결합하며, 각 민족의 정체성과 고유한 색채를 지닌 작품들이 탄생합니다. 러시아에서는 글링카의 《루슬란과 류드밀라》를 시작으로, 보로딘의 《이고르 공》, 무소륵스키의 《보리스 고두노프》, 《호반시치나》, 림스키코르사코프의 《사드코》, 《금계》, 차이콥스키의 《예브게니 오네긴》, 《스페이드 여왕》, 프로코피예프의 《전쟁과 평화》, 《세 개의 오렌지의 사랑》, 쇼스타코비치의 《므첸스크의 맥베스 부인》 등이 등장합니다. 체코에서는 스메타나의 《팔려간 신부》를 필두로, 드보르자크의 《루살카》와 야나체크의 《예누파》, 《카티아 카바노바》, 《영리한 암여우 이야기》 등이 명작입니다.

20세기(대략 1900~1950)로 접어들면서 오페라는 각국에서 고유한 양식으로 발전합니다. 영국에서는 브리튼이 《피터

그라임즈》를 비롯한 여러 작품으로 영국 오페라의 부흥을 이룹니다. 프랑스에서는 드뷔시의 《펠레아스와 멜리장드》, 오스트리아에서는 신新빈악파 작곡가 쇤베르크의 《기대》, 《모세와 아론》, 베르크의 《보체크》, 《룰루》 등으로 오페라의 지평을 확장했습니다.

1950년 이후(대략 1950~)는 현대 오페라라고 할 수 있는데, 여러 나라에서 다양한 시도가 나타나고 있습니다. 구대륙의 전통적인 오페라 생산국 외에도 미국을 중심으로 북유럽, 남미 등이 새로운 오페라를 발표하고 있습니다. 21세기에는 중국과 일본 그리고 우리나라도 세계 오페라사에 작품을 올리며 동참하고 있습니다.

이상의 약사에서 언급한 작품은 100편인데, 오페라사를 대표하는 명작들이니 감상에 참고하시기 바랍니다.

입문자에게 추천하는
첫 오페라

오페라를 처음 감상하려는 분들을 위해, 저의 오랜 오페라 경험을 바탕으로 추천 목록을 소개합니다.

입문자는 이탈리아 낭만 오페라로 처음 시작하는 것이 좋다는 것이 저의 개인적인 견해입니다. 특히 초기 베르디 오페라나 도니체티 오페라가 음악이 쉽고 아름답고 활력이 넘쳐서 좋습니다. 사전 공부를 충분히 한 다음에 영상이나 녹음으로 감상해 보시기 바랍니다.

다음에 선정한 열두 작품을 이왕이면 아래 순서대로 접근해 보시기를 권합니다. 널리 알려진 작품들이며, 그만큼 아름답고 훌륭한 오페라들입니다.

1. 베르디 《라 트라비아타》
2. 베르디 《리골레토》
3. 도니체티 《람메르무어의 루치아》
4. 도니체티 《사랑의 묘약》

5. 벨리니《노르마》

6. 벨리니《청교도》

7. 푸치니《라 보엠》

8. 푸치니《나비부인》

9. 베르디《일 트로바토레》

10. 베르디《맥베스》

11. 비제《카르멘》

12. 바그너《탄호이저》

여기까지 들으면, 자신의 취향이 생길 것입니다. 그런 다음부터는 스스로 원하는 곡을 찾아가도 되겠지요. 앞의 '오페라 약사'에서 언급한 작품들을 참고하셔도 좋습니다.

세계의 오페라하우스와
페스티벌

여행을 가서 오페라를 볼 경우를 위해서, 현재 세계적으로 가장 수준 높은 오페라 공연을 올리는 주요 극장들을 소개합니다.

독일에는 뮌헨의 바이에른 국립 오페라극장이 공연의 종합적인 품질 면에서 세계의 선두에 있으며, 이어 드레스덴 국립 오페라극장과 베를린 국립 오페라극장이 뛰어납니다. 베를린에서는 그 외에도 베를린 도이치 오페라극장과 베를린 코미셰 극장도 갈 만합니다. 그 밖에는 함부르크, 프랑크푸르트, 슈투트가르트, 라이프치히의 오페라극장이 수준 있는 프로덕션을 올리고 있습니다.

오스트리아에서는 빈 국립 오페라극장이 유명하나, 저는 같은 도시에 있는 테아터 안 데어 빈을 더욱 추천합니다. 스위스에서는 취리히 오페라하우스가 단연 선두입니다. 영국에서는 역시 런던의 로열 오페라하우스가 가장 앞선 공연을 합니다.

이탈리아의 극장 중에서는 밀라노의 라 스칼라 극장을 필두로 열 곳의 오페라극장 정도가 볼 만한 공연을 올립니다. 하지만 이탈리아는 공연에 따라 수준이 들쑥날쑥하다는 단점이 있습니다. 대표적인 극장은 베네치아의 라 페니체 극장, 볼로냐 테아트로 코무날레, 피렌체 테아트로 코무날레, 토리노의 레조 극장, 제노바의 산 펠리체 극장, 파르마의 레조 극장, 로마 오페라극장, 나폴리의 산 카를로 극장, 팔레르모의 마시모 극장입니다.

프랑스는 '파리 오페라'라는 회사 이름으로 가르니에 극장과 바스티유 극장의 두 곳을 운영하며, 프랑스 오페라의 중심에 있습니다. 파리의 샤틀레 극장도 종종 괜찮은 공연을 올립니다. 스페인은 요즘 오페라의 수준이 상당히 높은 편입니다. 마드리드의 레알 극장, 바르셀로나의 리세우 대극장, 발렌시아의 소피아 왕비 예술궁전이 대표적입니다. 네덜란드에서는 암스테르담의 국립 오페라극장이 대표적이고, 벨기에는 브뤼셀의 라 모네 극장의 명성이 높습니다.

요즘 북유럽의 오페라가 성장하고 있습니다. 오슬로 오페라와 코펜하겐 오페라가 앞서 있으며, 그 뒤를 헬싱키와 스톡홀름이 뒤좇습니다. 프라하의 경우는 국립극장과 도이치 오페라극장에서 오페라를 올리고, 바르샤바, 부다페스트, 류블라냐 등의 오페라극장도 괜찮습니다.

미국을 간략히 언급하면, 뉴욕의 메트로폴리탄 극장, 샌프란시스코의 오페라극장, 시카고의 리릭 오페라극장이 3대 오페라로 일컬어지며 미국 오페라계를 이끌어 왔습니다.

페스티벌 중에는 오페라 페스티벌만 소개하겠습니다. 이미 언급했듯이 가장 명성 있는 잘츠부르크 페스티벌은 종합 예술제이지만 그 중심은 오페라이며, 잘츠부르크의 오페라 프로덕션은 세계 오페라계를 선도하고 있습니다.

바이로이트의 바그너 페스티벌은 바그너 작품만 공연하는 권위를 지니고 있습니다. 그 외에 페사로의 로시니 페스티벌, 토레 델 라고의 푸치니 페스티벌, 베르가모의 도니체티 페스티벌, 파르마의 베르디 페스티벌 등은 한 작곡가의 오페라만 공연하는 것으로 유명합니다. 뮌헨 오페라 페스티벌과 취리히 오페라 페스티벌은 도시의 오페라극장에서 열리는데, 한 시즌을 마치면서 시즌 동안 가장 중요했던 프로덕션만 모아서 집중적으로 다시 공연하는 행사입니다.

베로나의 아레나 페스티벌을 비롯해서, 브레겐츠, 마체라타, 장크트 마르가르텐 페스티벌 등은 극장이 아닌 야외에서 여름밤의 오페라를 올립니다.

오페라를 처음 보는 당신에게

초판 1쇄 펴냄   2026년 3월 1일

지은이   박종호

펴낸곳   풍월당
출판등록   2017년 2월 28일 제2017-000089호
주소   [06018] 서울시 강남구 도산대로53길 39, 4,5층
전화   02-512-1466
팩스   02-540-2208
홈페이지   www.pungwoldang.kr

ISBN 979-11-89346-84-3 03670